AF200170

Eduard Sachau

Neue Beiträge zur Kenntniss der zoroastrischen Literatur

Eduard Sachau

Neue Beiträge zur Kenntniss der zoroastrischen Literatur

ISBN/EAN: 9783743621787

Hergestellt in Europa, USA, Kanada, Australien, Japan

Cover: Foto ©ninafisch / pixelio.de

Weitere Bücher finden Sie auf **www.hansebooks.com**

NEUE BEITRÄGE

ZUR KENNTNISS DER

ZOROASTRISCHEN LITTERATUR.

VON

ED. SACHAU.

WIEN, 1871.

IN COMMISSION BEI KARL GEROLD'S SOHN

BUCHHÄNDLER DER KAIS. AKADEMIE DER WISSENSCHAFTEN.

Aus dem Märzhefte des Jahrganges 1871 der Sitzungsberichte der phil.-hist. Classe der kais. Akademie der Wissenschaften (LXVII. Bd., S. 805) besonders abgedruckt.

Druck von Adolf Holzhausen in Wien
k. k. Universitäts-Buchdruckerei.

Zugleich mit der ersten Kunde von der zoroastrischen Litteratur wurden einige mit dem Wesen derselben auf das engste verbundene Namen, Avastâ, Zand, Pahlavî, Uzvâresch und Pâzand uns überliefert, deren Erklärung sich wie ein rother Faden durch die Geschichte dieser Studien hindurchzieht. Anquetil's Deutungen waren der modernen Tradition entnommen, die wir durch die Angaben persischer Lexicographen, wie durch gelegentliche Notizen, besonders Unterschriften in neueren Parsen-Handschriften zu controliren im Stande sind. Man gelangte bald zu der Einsicht, dass seine Erklärungen nicht genügten, und das Streben, besseres an die Stelle zu setzen, konnte nicht verfehlen seine Früchte zu tragen. Der Verkennung des neupersischen Schreibebrauchs bezüglich der Auslassung des و zwischen zwei Wörtern wie زند اوستا verdankt das landläufige ‚Zendavesta‘ anstatt ‚Zend und Avesta‘ seinen Ursprung. In Folge der Dehnbarkeit der neupersischen Genitiv-Verbindung lässt sich das Verhältniss von *a* zu *b* in Ausdrücken wie زبان زند sowohl als ein erklärendes, wie als ein besitzanzeigendes auffassen; man wählte das erstere und erhielt so eine ‚Zandsprache‘, während in diesem Fall das zweite das richtige war, ‚die Sprache des Zand‘, d. h. die Sprache, in der der Zand geschrieben ist.

Wir wissen jetzt, dass das Wort Avastâ, über dessen Etymologie die Acten noch nicht geschlossen sind, den Text der durch Zarathustra von Ahuramazda geoffenbarten Schriften,

1 *

Zand dagegen (zurückgehend auf ein älteres za n t i ‚Erkenntniss‘ γνῶσις) die aus dem eranischen Alterthum überlieferte Ueber-setzung jenes Textes bezeichnet; beide verhalten sich zu ein-ander, wie Bibeltext und Targum. Die Sprache, in der das Avastâ geschrieben, hat man mit einem gutgewählten Namen ‚Altbaktrisch‘ genannt; ein solcher fehlt uns dagegen für die-jenige, in der der Zend abgefasst ist, und die wir einstweilen mit x bezeichnen wollen. Man hat sie bisher mit zwei Namen belegt: Pahlavî und Huzvâresch.

Es ist bekannt, dass alles eranische Schriftthum, das älter ist als das Neupersische und im allgemeinen der Zeit vor der Gründung des Islam zugeschrieben wird, von muhammedanischen wie zoroastrischen Schriftstellern alter und neuer Zeit als in *Pahlavî* abgefasst bezeichnet zu werden pflegt; und untersuchen wir die Nachrichten über die Dialecte des alten Eran, so finden wir einen solchen aufgeführt als die Mundart eines nordpersi-schen Gebietes *Pahlau*, welches geographisch dem alten Medien einigermassen entsprochen zu haben scheint, vgl. P. de Lagarde, Gött. Gel. Anzeigen, 1870, Sept., S. 1449. Wir dürften keinen Fehlschluss machen, wenn wir aus dem allgemeinen Sprach-gebrauche des Wortes *Pahlavî* für ‚Altpersisch‘ folgern, dass die Mundart der Provinz *Pahlau*, sei es als Sprache der Be-herrscher des Landes, sei es als Cultus- und Litteratursprache für alle Eranier einmal eine hervorragende Rolle gespielt haben muss. Auf Anquetil's, d. h. also auf Auctorität der modernen Parsen in Indien hat man die Sprache der Uebersetzung *Pahlavî* genannt, während es sich weder durch positive Zeugnisse, noch durch innere Wahrscheinlichkeit darthun lässt, dass jenes x mit dieser Mundart identisch sei. In dieser Beziehung verweise ich auf Spiegel, Grammatik der Huzvâresch-Sprache, Einlei-tung, S. 21.

Dagegen hat Spiegel der Sprache der Uebersetzung auf Grund einiger Stellen in späteren Parsenschriften den Namen *Huzvâresch* zu vindiciren gesucht, und hat neuerdings in dem Commentar über das Avesta, II. Bd., Einleitung S. XXXVI ff. seine Ansicht vertheidigt. Ohne mich auf eine Kritik seiner Prämissen, die nicht stichhaltig und in der Form, in der sie gegeben, ungenügend sind, einzulassen, muss ich auf zwei Dinge aufmerksam machen, die nach meiner Ansicht massgebend sind:

eine Form *Huzvâresch* ist überhaupt nicht überliefert, sondern
Uzvâresch oder *'Uzvâresch*, je nachdem man das Wort für ein
eranisches oder semitisches ansieht. Die Form *Huzvâresch* ist
der Etymologie (*hu-zaothra*) zu Liebe gemacht. Dass der erste
Theil des Wortes ازوارش, اؤزوارش, ڪؤ•ملم hu sei, kann ich deshalb
nicht annehmen, weil das *h* in *hu* niemals wegfällt, man also
eine Form هؤزوارش oder هوزوارش erwarten würde; auch bleibt
die Variante زوارش bei dieser Annahme unerklärt. Zweitens
kann es wohl keinem Zweifel unterliegen, dass die Endung in
ازوارش die im Mitteleranischen so häufige Abstractendung ist,
die im neupersischen آرایش, دانش etc. vorliegt. Wenn wir nun
auch die Existenz eines Wortes *huzavâr*, ‚mit guter Kraft
versehen, stark‘, zugeben wollen, so müssen wir es als eine
Utopie bezeichnen, dass man ein Abstractum ‚Stark-sein,
Stärke‘ als den Eigennamen einer Sprache, eines Dialectes gebraucht habe.

Das einzige zuverlässige, was wir über das Wort ازوارش
wissen, ist die bekannte Notiz von Ibn Mukaffa', s. Haug,
Essay on Pahlavi, S. 38. Zu den beiden von ihm gegebenen
Beispielen ist noch ein drittes, ebenso unzweideutiges in dem
Pahlavî-Pâzand Glossary, S. 17 (vgl. Essay, S. 40) hinzugekom-
men; auf diese Stelle muss ich hier eingehen, da sie von dem
Herausgeber Dastur Hoshangji gegen die Auctorität der Handschriften verunstaltet, in der Uebersetzung nicht verstanden
und deshalb von Lagarde (a. a. O. S. 1466) nicht als Zeugniss
zugelassen ist. Das Lexicon hat eine Glosse, die nach hand-
schriftlicher Tradition lautet: וו0סומۇ•ל0 ווه ڪؤ•ملم בوحچ ווהۇۅۉ ווةבۇۅۉ 𝕱𝕱
Der Schreiber fügte etwas hinzu und war ehrlich genug, sich
selbst als den Urheber dieser Note zu bezeichnen. 𝕱𝕱 ist in
𝕱 zu ändern und die Glosse ist zu übersetzen: ‚Von dem
Schreiber: Im Uzvâresch entspricht dem yaktîbûntan نبشتن,‘ [1]
wie Ibn Mukaffa' erzählt, dass im Uzvâresh für laḥmâ نان,
für bisrâ كوشت gelesen werde. Auf Grund der Auctorität
Ibn Mukaffa's kann man behaupten, dass ازوارش nicht der Name
einer Sprache ist, sondern (wahrscheinlich mit der Bedeutung von
‚Erklärung‘) dasjenige bezeichnet, was statt des geschriebenen

_____

[1] Neupersisch: از نویسنده در ازوارش جکتیبونتن نوشتن

Textes gelesen, dasjenige, worin der überlieferte Text transscribirt wurde. Die Sprache der Uebersetzung (x) ist wesent-
lich verschieden von der des Uzvâresch, die wir einstweilen
mit y bezeichnen wollen. Was die Etymologie von ازوارش
betrifft, so nehme ich meine Combination mit ,,وزارش, ‚Erklärung‘,
(Zeitschrift der Deutschen Morgenl. Gesellschaft, XXIV, S. 724)
zurück und halte mit Haug (Essay, S. 43) eine Ableitung aus
der Wurzel v a r, tegere (u z v a r, retegere, u z v â r a, retectio,
E n t h ü l l u n g, E r k l ä r u n g) für das wahrscheinlichste.

Was den Inhalt des Wortes Pâzand, das sich zu Zand
verhält, wie *paitizan* zu *zan*, betrifft, so ist zunächst dasjenige,
was Anquetil hierüber vorbringt, sehr verwirrt und unbrauchbar.
Mas'ûdî und Burhân-i-kâṭi' deuten es als eine Erklärung (Commentar) des Zand. Untersucht man aber die überlieferte Litteratur, so findet sich nichts, was auch nur annähernd als ein
Commentar des Zand, also als Supercommentar des Avastâ,
bezeichnet werden könnte; und da uns Avastâ und Zand nebst
vielen andern Werken erhalten sind, so hat die Annahme, dass
gerade dieser Pâzand verloren gegangen sei, wenig Wahrscheinlichkeit für sich. Man könnte geneigt sein, den Namen Pâzand
auf die gesammte Gesetzlitteratur, in der die im Avastâ und
Zand vorhandenen Anfänge eines ceremoniellen, bürgerlichen
und Sittengesetzes bearbeitet werden, zu beziehen; auch hat
man ihn auf die erklärenden Glossen der ‚Uebersetzung‘ beziehen wollen. Aber beide Annahmen entbehren einer rechten
Stütze. Die viel besprochene Stelle der 'Ulamâ-i-Islâm (s. Spiegel,
P. Gr., S. 13), die zuerst von Fleischer (Zeitschrift der D. M. G.
XVII, S. 710) richtig interpretirt ist, sagt über den Inhalt des
Pâzand nichts aus, wohl aber über die Sprache desselben:
‚Pâzand ist diejenige (Rede), von der Jedermann (auch jeder
Laie) weiss, was sie bedeutet;‘ die Sprache aber, die zur Zeit
der Abfassung der 'Ulamâ-i-Islâm von jedem persischen Laien
verstanden wurde, kann keine andere gewesen sein, als die-
jenige, in der die ‚Uebersetzung‘ gelesen wird, die jeder Neu-
perser, wenn er mit dem Wesen der zoroastrischen Religion
vertraut ist, versteht. Hier an das Neupersische zu denken,
scheint mir deshalb unzulässig, weil in der betreffenden Stelle
speciell von Parsensprachen, von solchen Sprachen, die zu dem
Wesen der zoroastrischen Religion in Beziehung stehen, die

Rede ist. Berücksichtigt man ferner, dass Pâzand wegen der
Etymologie als etwas zu Zand in einem bestimmten, nahen
Verhältniss stehendes gedacht werden muss, so liegt die Ver-
muthung nahe, dass unter Pâzand die Lesung, eventuell Trans-
scription des Zand in eranischer, dem Laien verständlicher
Sprache gemeint sei, mit andern Worten, dass Uzvâresch und
Pâzand, wie sie der Etymologie nach auf dasselbe hinauszukom-
men scheinen, so auch sachlich dasselbe bezeichnen.

Im Verlaufe der Untersuchung haben sich zwei unbekannte
Grössen x und y ergeben, zu deren Deutung wir zurückkehren
müssen. Die Sprache des Zand (x) ist diejenige, welche Spiegel
in seiner Grammatik der Huzvâresch-Sprache beschrieben, und
die man bisher Pahlavî genannt hat. Wenn man nun diese
Sprache in der Form, in der sie überliefert ist, als ein orga-
nisches Ganzes auffasst, so hat man einen Dialect, der semitisches Sprachmaterial eranisch flectirt, und nach den Principien
eranischer Wortbildung und Syntax behandelt. Das semitische
Material ist ostaramäisch, neben demselben kommt aber auch
eranisches vor, und zwar um so mehr, je jünger die Schriften
sind. Dieser eranische Dialect ist verschieden von dem Neupersischen, und kann auch nicht als ein älterer Verwandter
directer Linie angesehen werden; ob er die Mundart des alten
Medien, also Pahlavî war, ist zwar möglich, aber bislang noch
nicht erwiesen. Nach der entgegengesetzten Ansicht haben wir
in x zweierlei zu unterscheiden: als Grundlage und ursprüng-
lichste Form einen rein aramäischen Dialect, der noch unver-
mischt in den Hâǵîâbâd-Inschriften erhalten sein soll; zweitens,
einen rein eranischen Dialect, der in der Schrift überall da,
wo er nicht in ganzen Vocabeln auftritt, nur durch die flexi-
vischen Endsilben der Wörter oder durch einzelne Buchstaben
am Ende derselben angedeutet wird. Dies letztere ist die
Sprache des Uzvâresch, deren Heimat und Entstehungsperiode
noch nicht nachgewiesen ist. Nach der einen, wie der andern
Ansicht sind wir genöthigt, unser x in ein semitisches x und
ein eranisches x zu zerlegen; nach der ersteren wäre eranisch x
verschieden von y (der Sprache des Uzvâresch), während nach
der zweiten beide sich decken. Spiegel hat die Sprache des
Uzvârash in seiner Grammatik der Pârsî-Sprache beschrieben;
da aber Pârsî speciell den Dialect der Provinz Fârs, das Neu-

persische bezeichnet, so scheint es mir erforderlich, für unser y einen anderen Namen zu wählen[1].

In der Sprache des Zand sind ausser der Uebersetzung des Avastâ noch andere Litteraturwerke abgefasst, von denen zum Theil auch ein Uzvâresch schriftlich überliefert wird, wie vom Bundehesch und Minôikhirad. Anderseits kommen aber auch Schriften vor, die sich nur im Uzvâresch, nicht in den in der Sprache des Zand geschriebenen Originalen erhalten haben, wie das Patet Erânî, Âfrîn der sieben Amschasfands, eine Reihe von Gebeten u. s. w.

Ueber den Charakter des Zandischen habe ich mich in meiner Besprechung des Pahlavî-Pâzand Glossary von Haug und Hoshangji in der Zeitschrift der D. M. G. XXIV, S. 713 ff., ausgesprochen und habe dem dort gesagten einstweilen weiter nichts hinzuzufügen. Was im besonderen jene mitteleranische Mundart betrifft, in der die Zandtexte gelesen wurden, und die uns in der Flexion wie in manchen Wörtern, die neben den semitischen vorkommen oder solche vertreten und allmählig verdrängen, vorliegt, so ist sie nach meiner Ansicht identisch mit der der Uebersetzungen zandisch geschriebener Werke einer späteren Periode, z. B. mit der Sprache des Minôikhirad, aus dem Spiegel in der P. Gr. einige Capitel veröffentlicht hat, mit der Sprache der Uebersetzungen des Bundhesch u. s. w.; beide flectiren gleich, haben dieselbe Syntax und dasselbe Lexicon. Obgleich es an sicheren Daten für die Geschichte der zoroastrischen Literatur fehlt, so kann man doch mit Sicherheit annehmen, dass dieser mitteleranische Dialect sich über eine ganze Reihe von Jahrhunderten erstreckt hat (vielleicht über das ganze erste Jahrtausend unserer Zeitrechnung); seit der Zerstreuung der Zoroastrier und seitdem das Neupersische vorherrscht, ist er nur künstlich unter Parsenpriestern und zwar ohne grosse linguistische Akribie bis in die neueste Zeit überliefert, aber in einer solchen Weise dem Neupersischen angenähert und von demselben beeinflusst, dass die charakteristischen Unterschiede zwischen beiden (abgesehen vom Lexicon) fast ganz verschwinden.

---

[1] Um nur überhaupt einen Namen zu haben, werde ich im folgenden die Sprache der Uebersetzung des Avastâ, des Zand, als Zandisch, die Sprache des Uzvâresch oder Pâzand als Pâzandisch bezeichnen.

Für die linguistische Erkenntniss des Pazandischen ist
das Verhältniss der in ihm abgefassten Litteratur von entschei-
dender Bedeutung. Alle diese Werke sind nicht Originale,
sondern Uebersetzungen zandischer Texte. Hieran schliesst
sich die Frage: Hatten die Verfasser dieser Versionen eine genaue Kenntniss von der Schrift und Sprache ihrer Vorlagen?
— und beides dürfte jeder, der sie kritisch untersucht hat,
bestimmt verneinen. Die Aufgabe dieser Männer war eine
doppelte: erstens, die semitischen Wörter durch die entspre-
chenden eranischen zu ersetzen. Wenn aber die Tradition
das betreffende Aequivalent nicht mehr bewahrt hatte, so
versuchte man entweder etymologisirend zu übersetzen oder
die Zeichen einfach zu umschreiben. Da nun aber die Parsen-
priester die Schrift, in der zandische Texte überliefert sind,
ebenso wenig lesen konnten und können, wie wir, so hat dieser
Theil ihrer Versionen nur einen sehr relativen Werth für den
Philologen, während er für den Linguisten gänzlich unbrauchbar ist. Der zweite Theil ihrer Aufgabe bestand darin, die
eranischen Wörter der zandischen Texte aus jener unlesbaren
Schrift in eine lesbare (entweder in die Schrift der altbaktri-
schen Texte oder in die arabische) zu transscribiren. Eine
genaue Transscription wäre für uns von unschätzbarem Werth,
aber eine solche vermochten die Verfasser der Versionen nicht
zu geben; einestheils war ihre Kenntniss des zu umschreiben-
den Alphabetes bereits so mangelhaft, dass sie den Lautwerth
einiger Zeichen gar nicht mehr gekannt zu haben scheinen;
andererseits wurden die Wörter in der Transscription in der
Regel ihrer alterthümlichen Form entkleidet und dem Neupersischen angepasst, was um so leichter möglich war, als sich
beide Dialecte sehr nahe stehen. In diesen Transscriptionen
herrscht durchaus kein einheitliches Verfahren; sie sind verschieden, je nachdem sie in Eran oder in Indien, in älterer
oder neuerer Zeit gemacht sind, und ihre charakteristischen
Unterschiede bestehen durchweg in gewissen Fehlern. Es kommt
noch hinzu, dass die Handschriften dieser Versionen im allgemeinen von den Schreibern mit einer grossen Willkühr behandelt sind. Wenn z. B. Spiegel (P. Gr., S. 113) es als ein
durchgreifendes Gesetz des Parsi ansieht, ,dass dasselbe, dem
Zend näher, *va* setzt, wo im Neupersischen *gu* gefordert wird,'

2*

so wird diese Behauptung durch den Umstand paralysirt, dass
überall da, wo die von Spiegel benutzte Pariser Handschrift
des Mînôikhirad *wa* hat, die Londoner Handschrift *g* (*gu*, *ga*)
setzt, dass überhaupt der Wechsel von *v* und *g* (zu Anfang),
wie so vieles andere lediglich von der Willkür des Schreibers
abhängt; vgl. a. a. O., S. 129, 21 وزارشن، neben كذارشن Z. 24.

Man würde sich irren, wenn man nach dem vorstehenden
glaubte, dass diese Versionen überhaupt werthlos seien; sie
sind im Gegentheil dem Philologen ein sehr schätzbares Hülfs-
mittel für die Interpretation zandisch geschriebener Texte; sie
können selbst von primärer Bedeutung sein, wenn die betreffenden Originale nicht erhalten sind. Im folgenden gebe ich
einige Beiträge zur Kenntniss dieses Theils der zoroastrischen
Litteratur, die aus den Handschriften des Brittischen Museums
und der Bodleyana gesammelt sind.

In der Handschrift des Brittischen Museums, Add. 8996
(vgl. meine *Contributions*,[1] S. 47) finden sich neben anderen
Stücken fünf pazandisch geschriebene Gebete, die zum Theil
zu bestimmten liturgischen Zwecken gedient zu haben scheinen;
Format und Schrift sind sehr klein. Die Handschrift stammt
wahrscheinlich aus Persien und ist geschrieben von ‚Kaikobâd
dem Sohn des seligen Rustam, des Sohnes Luhrâsp's‘ im Jahre
1223 (A. D. 1808).[2] Der Inhalt derselben ist ohne selbstän-
dige Bedeutung; sie scheinen lediglich aus Reminisconzen aus
dem Avastâ, besonders dem Khurda-Avastâ zusammengesetzt
zu sein. Die zandischen Originale derselben sind nicht bekannt;
und wenn ich es trotzdem unternommen habe, drei derselben zu
übersetzen, und zu erklären, so geschah es in der Absicht, die
Abhängigkeit solcher Schriftstücke von den zandischen Originalen darzulegen, die Möglichkeit der Reconstruction eines zandischen Textes aus einer pazandischen Version an einem
Beispiel zu zeigen, und schliesslich auf die Eigenheiten der
Transscription, auf das fehlerhafte und willkührliche derselben

---

[1] Journal of the Royal Asiatic Society 1869 July.

[2] Wie ich aus befreundeter Mittheilung erfahre, sind die Handschriften Add.
8994, 8995, 8996, 8997 bereits 1832 für das Museum erworben. Demge-
mäss sind meine Daten (Contributions, S. 49 zu Add. 8994, S. 47 zu Add.
8996) zu berichtigen; es ist nach der Hijra, nicht nach der Yazdagirdischen
Aera zu rechnen.

aufmerksam zu machen. Wenn es oft schwierig, ja unmöglich ist, einen neupersischen Text, der uns in einer Handschrift vorliegt, mit Sicherheit zu erklären, so stellt sich das Verhältniss bei einem Texte dieser Art noch viel ungünstiger heraus; es ist schwierig den Irrthümern des Transscriptors auf die Spur zu kommen und bei der Eigenart des Inhalts, wie bei der Mangelhaftigkeit der Bezeichnung syntactischer Beziehungen die Incisionspunkte der Sätze zu finden; auch ist die Handschrift nicht fehlerfrei. Als Anhang theile ich die übrigen zwei Gebete und ein kleines Glossar mit, das ich bei der Erklärung mit Nutzen gebraucht habe; es ist der Handschrift der Bodleyana, Cod. Ouseley, 125. III., die von Sir William Ouseley in Shiráz (also 1811) erworben wurde, entnommen. Sie ist geschrieben am Tage Máh (12.) des Khurdád A. J. 1023 (A. D. 1655) von Herbad Minocihr b. Dastur Barzû b. Kawâmaldin b. Kaikohâd b. Hormuzyâr Sanjânû. Die Schrift hat den Titel: فرهنك روايت دينى, ‚Glossar zur Gesetzes-Tradition‘, und es erklärt kurz altbaktrische, zandische, pazandische, einzeln auch arabische Wörter; es dürfte in Indien entstanden sein, da an manchen Stellen das Hindi verglichen wird. [1]

Das folgende Gebet findet sich in Add. 8996, Bl. 57ᵇ (A); ein Stück desselben findet sich auch in der Handschrift der Bodleyana, Ouseley, 110. III., S. 197ᵇ (B) und S. 179ᵇ (C).

1   نـام خـاور[2]

نام خاور[3] دادار[4] اوخشيدار فيروز باد دادار اورمزد رايومند
خروهمند[5]   هروسف آكاه[6] دانا[7] توانا[8] توانكردار| Bl. 58ᵃ
اوخشايشلى كر[9] هروسف نيكه دادار هروسف نيكه داشتار هروسف
اناكه اواج داشتاركش عما نه مهسوده داد وآفريد[10] برهنيد   5

---

[1] Im folgenden ist es citirt als ‚das Glossar‘; ferner bedeutet *P. Gr.* die ‚Grammatik der Parsi-Sprache‘ von Fr. Spiegel, Leipzig, 1851; *Huzv. Gr.* die ‚Grammatik der Huzvâresch-Sprache‘ von demselben, Leipzig, 1856.

[2] BC وحروه مند   [3] BC دادار اورمزد   [4] B خواور   [5] C خواور

[6] B آكاه   [7] B دانامى, C دانا   [8] B توانامى, C توانا   [9] Hier

bricht C ab.   [10] B آفريد

هم اُث داد هروسف دام وه' سُتُر وماه' وخورشید وآسمان '
بلند سود وانغر روشن كاه خدا هروسف سپناهمینو دامان
اشوان واشایه' ردان دین وه مازدیسنان فیروژ بند هما
امشاسفندان هما یزدان ومینوان وكیتیان وهما فرهوهران '

10 اشوان مهر وسروش ورشن وخروه' اوجه' وه دین مازدیسنان
كش داد نه اواج داشتن ونیدن اهریمن' دروند اوا هما دیوان
ودرُجان' جادویان پریان ساستاران' كنكان وكلفان' وناه
كاران اج وه دام ودهشن یزدان انوشه روان باد پشت فرهوهر
BL 59a رادان وفرخ'' توم مردان نشوم نوم'' | زراتشت سفتمان ''

15 رد هروسف دینیان'' دین بُرداران اندر هفت كشور زمین
برسند روان ماروان'' هما فرهوهر'' اشوان اج كیامث تا
بسیوشانس پُرخروه هستان'' وبیدان وچیر وفیروزكر باد
ورجاوند دهیو پد دین وه مازدیسنان افروخته برا رها دور
وپاینده باد تخت وكاه خدا ستایم ازبایم اُش ورج وخروه
20 جاویدان پتایشنی ویرایشنی باد همی كاه نرمان ردان دین
بُرداران موبدان رُبا آنرینكان باد ورج وخروه ویش ووه افزون
تر باد هما ایران وهان وهدینان بسته كشتیان اندر هفت
كشور زمین نه دین رُبایینیداره اُستوان كرنه وزیداره اج وناه
پهربختاره بند اُشان باد نه كیتی | نه كامه تن مینو نه
BL 60a

25 كامه روان انیران دُش پادشاهان همواره شكسته همه وسته
ونیده اندر شاهنشاه مردام نشوم ایر وهو وینشن نرمان
بُردار ساو باج آوارتار بند نه كام ونرمان خاور دادار دین رُبا
آنرینكان باد دین بُرداران شان اج دین نیكه
اشم یك

' وره B ' ستاره ماه für سُتُر وماه ' B آسمان خورشید
' B وره ' رشن خرروه B ' فرهوهر B ' اشایه B ' اهرمن B
دُرُجان ' B وساستاران '' B فرخ '' B fügt hinzu '' B
فره‌وران '' Hier bricht B ab. ماروانان '' B دینان '' B سفنتمان '' اشو نوم

Uebersetzung:

,Der Name des Herrn.

Der Name des Herren, des Schöpfers, des Herrschers sei
siegreich.

Der Schöpfer Ormazd ist glänzend, majestätisch, alles
wissend, kennend und könnend, gewaltig, ein Herrscher, der alles
gute schafft, alles gute erhält, alles böse fern hält, der alles
zum Nutzen eingesetzt, gegründet und geschaffen. Er hat erschaffen die ganze gute Schöpfung, das Gestirn, den Mond, die
Sonne, den Himmel von erhabener Bestimmung, das anfangs-
lose Licht, den Thron Gottes und alle heiligen Geschöpfe.

Die Reinen und die Beschützer der Reinheit des guten
mazdajasnischen Gesetzes seien siegreich, alle Amschasfands,
alle guten Geister des Himmels und der Erde, alle Fravashis
der Reinen, Mithra, Sraosha, Rashnu und die reine Majestät
des guten mazdajasnischen Gesetzes, welches geschaffen ist
zum Fernhalten und Vernichten des bösen Ahriman sammt den
Dêvs, Drugas, den Zauberern, Pairikas, Sûthras, Kaoyas und
Karapanas, den sündigen. Von der guten Creatur und Schöpfung
sei Lobpreis Gott, dem unsterblichen.

Es mögen herbeikommen die Fravashi-geborenen und ge-
segnetsten Menschen, der erhabenste Fravashi des Zarathustra
Spitama, des Herren aller Gesetzesanhänger und Gesetzesträger
in den sieben Theilen der Erde. Unsere Seele und die Seele
aller Fravashis der Reinen von Gayâmurth bis zum majestätischen Siyôshâns, der bestehenden und dauernden, sei stark und
siegreich.

Der glänzende Fürst des guten mazdajasnischen Gesetzes
sei erleuchtet und —, und fest stehe der Thron und Sessel des
Herren. Ich lobe und preise: Sein Glanz und seine Majestät
sei ewig im Schaffen und Ordnen. Beständig sei das Gebot
der Meister unter den Gesetzesträgern, der Mobeds, ein sich
verbreitender Segensspruch. Der Glanz und die Majestät, viel
und gut, mehre sich! —

Alle frommen, guten, dem guten Gesetz anhängenden,
mit dem Kusti umgürteten, in den sieben Theilen der Erde

seien beständig in der Verbreitung des Gesetzes, in der Ausübung guten Thuns, in der Befreiung von der Sünde. Ihnen
geschehe in der Welt nach dem Wunsch des himmlischen
Körpers, nach dem Wunsch der Seele. Die anarischen Tyran-
nen seien beständig gebrochen, stets gebunden, vernichtet gegenüber dem König der Menschen, dem erhabenen, mit edlem und
gutem Blick, dem Befehlshaber mit süsser Rede. Seien sie
gänzlich befriedigt. Und der Befehl des Herren, des Schöpfers
des Gesetzes sei ein sich verbreitender Segensspruch. Des Gesetzesträgern kommt Heil vom Gesetz.'

Zum Schluss ist ein *Arhem vôhû* zu recitiren.

Z. 1 خاور' Eine genauere Transscription ist die Lesart خراور
in BC, da das Original ᱡᱚᱨ geschrieben wird, s. Uebersetzung
von Yaçna II Ha, 57; X Hâ, 26; ᱡᱚᱨ Shikand Gumâni Gudhâr, Ms. des Brittischen Museums, Add. 22, 378, Bl. 3'; *qâwar*
(in baktrischen Charakteren) Spiegel, P. Gr. S. 183, Z. 16;
qâwarî, S. 130, Z. 13. In der letzteren Stelle wird *qâwarî* von
Neriosengh durch *pratipâlanâ* ‚Herrschaft‘ übersetzt, während das
Glossar خاور als ‚Schöpfer‘ erklärt S. 843, 17 يعنى خالق خاور)
آفرينند) Während *p* zu Anfang der Wörter gewöhnlich durch
پ oder ف transscribirt wird, wird es in der Mitte und am Ende
meistens durch *w* wiedergegeben: آو, ᱡᱚᱨ اور„ ᱢᱚᱨᱚ تاوشن,
اويجه, ᱡᱚᱨᱚ اوانى oder awaré, ᱩᱚ awam, ᱨᱚ awat u. s. w.,
ᱭᱚ awê.

Z. 2 اوخشيدار Das entsprechende Abstractum ist
اوخشايشنى S. 828, 3; davon اوخشايشنيكر S. 834, 5; 835, 11, 17,
und اوخشايشنيكرى im Shikand Gumâni Gudhâr, Bl. 3' (geschrieben ᱡᱚᱨᱚᱩᱚ). Das Glossar erklärt es als einen Namen
Gottes mit der Bedeutung ‚stets wachsam‘ (S. 839, 6 ار نام اوخشيد
بيدار هميشه اى خدا); es ist eine Ableitung von *aiwi-nkhsh* (vgl.
Justi, Altbaktr. Glossar u. d. W.), der ich im Gegensatz zu dem
Glossar nach dem Zusammenhang vielmehr die Bedeutung
‚Aufseher, Beherrscher‘ zutheilen möchte. Das Suffix *târ* haben
die Transscribenten nach der Analogie des Neupersischen be-

---

¹ Die Zahlen der Citate sind die eingeklammerten Seitenzahlen.

handelt, indem sie *t* schrieben, wo es sich an einen consonan-
tisch, *d*, wo es sich an einen vocalisch auslautenden Stamm
anschliesst.

فيروز *paitiraoca* muss hier wie Z. 8 in Analogie mit
فيروزكر Z. 17 gegen den späteren Sprachgebrauch adjectivische
Bedeutung haben.

Z. 3 خروهمند Im Zand wird *qârenanh* durch ‎, *qarenônhvant*
durch ‎ wiedergegeben; im Uzvâresh werden an deren
Stelle خروه (das auch ‎ vertritt) von der Wurzel *qar* und
خروهمند gelesen.

Z. 4 نيكه Das *s* ist Transscription für die mehrfach erklärte
(Spiegel, Huzv. Gr., S. 129; Haug, Essay on Pahlavî, S. 114)
und noch immer unerklärte Nominalendung ‎, نيكه هوه , اناكه ;
S. 813, 5 ‎; ebenso S. 814, 23 رباينيداره , رزيداره , پهرپختاره ;
S. 822, 25 هودينه , هونرمانه .

Z. 5 عما Das ع ist Transscription für‎, عما — چو oder ‎,
S. 835, 19; 830, 3 v. u.; 834, 21; 836, 4 عماعم (چو) neben
هماعم . Das letztere ist wahrscheinlich hamâica zu lesen, wie
S. 834, 8 تزاعه *tazhâi* für ‎, وخشاعشن wakhshâish für
‎. Ueber eine ähnliche Verwendung des ع in der Um-
schreibung baktrischer Texte s. meine *Contributions*, S. 44.

مهسوده Eine Form مهسودى (zur Bildung vgl. بهبرد)
kann ich nicht belegen; dagegen Bundehesh 49, 6 ‎ no

Z. 6 اش Ueber diese und die verwandten Wörter ‎
u. s. w., vgl. Spiegel, P. Gr., §. 53; Huzv. Gr., §. 76; Haug,
Pahlavî Pâzand Glossary, S. 51. Die gewöhnliche Transscription
ist *avam*, *avash*, während hier Damma das *w* (*p*) vertritt;
أت 829, 2. 18; أتان 822, 18. 19; أشان 814, 24. Das Pro-
nomen nach اش hat die Bedeutung eines Casus rectus wie
obliquus; das Glossar erklärt S. 3, 3 أش كفت يعنى اورا كفت

Z. 7 خدا sكه Es herrscht in diesen Texten eine grosse Un-
sicherheit in Bezug auf die Setzung der Partikel و ‚und', da die
Mehrzahl der Wörter am Ende ein ‎ hat und dies bei einer
nicht sehr sorgfältigen Trennung der Wörter oft an den Anfang des folgenden Wortes versetzt wird; ausserdem wird es

oft gegen den Sinn gesetzt oder ausgelassen. Ich wage daher nicht zu entscheiden, ob sich der Verfasser خدا كاه als Apposition zu انفر روشن (s. Spiegel, Uebersetzung des Avesta, III. Einleitung, S. XXXVIII) gedacht hat, oder ob وكاه خدا zu lesen ist.

سپناهمينو Das Original ist ميو ـكمو, Uebersetzung des Vendidad, 19, 33 (baktrisch *çpeñtâmainyu*). Das Glossar erklärt S. 838, 16: اسپنامينو اسم خد ابود

Z. 11 وانيدن falsch transscribirt für وانيدن, erklärt das Glossar S. 845, 10 زد كينست¹ وانيد باد يعنى زد شكست وانيداران نابيدا كنندكان und S. 850, 22 وناپيدا باد

ديوان ودرجان u. s. w. Das Prototyp dieser Stelle ist Yaçna 9, 61; vgl. ferner Farvardin Yasht, v. 135; Abân Yasht, v. 26; Ormazd Y., v. 9; Bahrâm Y., v. 4.

Z. 16 روان الخ Das ماروان von A (ماروانان B) trenne ich in روان ما روان und lese mit B فرهوران anstatt فرهوهر: روان ما روان هما فرهوهران اشوان ,unsere Seele, die Seele aller Fravashis der Reinen'. Ueber die Seele (*urvan*) als etwas von *Fravashi* verschiedenes vgl. Yaçna, 54, 1.

Z. 17 پر خروه entspricht baktrischem *pouru qâthra*, das im Zand mit مه لاه wiedergegeben wird, vgl. Yaçna 1, 41. Der Ausdruck اج كيامرث نا الخ stammt aus Yaçna, 26, 33.

هستان وبيدان Es scheint mir das einfachste هستان وبيدان als Apposition zu فرهوهران (Lesart von B) zu beziehen und die Stelle als eine Reminiscenz an Farvardin, Y., v. 21 (bâitîsh hâtãm bâitîsh Aoñhushãm bâitîsh bûshyantãm) aufzufassen. Ueber مس als Uebersetzung von hâtãm vgl. Yaçna, 64, 22; 13, 15; 19, 27. Das Glossar erklärt S. 851, 16: هستان يعنى كه ايشان اكنون هستند

بيد ist fehlerhafte, aber häufig vorkommende Transscription von رن, s. meine *Contributions*, S. 44, Anm. 1; Glossar, S. 841, 2: بيدان يعنى كه ايشان كه باشند

---

¹ Lies كست

وجير Da neben فيروزكر ein Adjectiv erforderlich scheint, so ziehe ich vor das و als vom Ende des vorhergehenden Wortes übertragen anzusehen und ازرم ودل anstatt ازرم ودل zu lesen. چيب Uebersetzung von *ughra* kommt vor als Epithet zu Fravashi Yaçna, 4, 11; Vispered 12, 33.

Z. 18 ورج und ورجاوند ورجاوند sind die Uebersetzungen von *varecaṅh* und *varecôṅhvaṅt* (Justi: ‚Glanz‘ und ‚glänzend‘), Vendidâd, 20, 2. Die Tradition scheint diese Wörter mit ورزديدن (Wurzel *varez*) zu combiniren, und übersetzt daher ‚Thun, Thatkraft, Stärke‘; vgl. Spiegel, P. Gr., S. 131, Z. 22, wo Neriosengh *varz* mit *karmakâritâ* wiedergibt. Das Glossar erklärt S. 850, 22: يدملورج Vgl. ورج und ورج نيرو تيز im Bundehesh.

برا زها دور An dieser Stelle ist wahrscheinlich etwas ausgefallen. برا زها liesse sich zur Noth als ربد كس ‚mit hoher Waffe‘ deuten; nach دور dürfte ein Wort fehlen (‚fernhin strahlend‘).

Z. 20 جاويدان scheint nach Pahlavi Pâzand Glossary, S. 19, 10 im Uzvâresh zandisches لا (לְהָיֵא?) zu vertreten.

تايشني Hier und S. 822, 21 kann ich nicht belegen; es ist aber gesichert durch تاشيدار. Die Paraphrase des Ormazd Yasht (Ms. des brittischen Museums, Add. 8994) übersetzt in v. 14 *riçpatush* durch هروسف تاشيدار; in der Bedeutung ‚Gehauenes‘ kommt es vor Vendidâd, 13, 82.

Z. 21 رُبا آفرينكان Meine Uebersetzung (vgl. S. 814, 22) ‚ein sich verbreitender Segensspruch‘ ist nicht viel mehr als eine Vermuthung; رُبا dürfte jedenfalls لرو sein.

Z. 23 ورزيدار Dies Wort müsste von der Wurzel *vaz* ‚fliegen‘ (وچيتن) abgeleitet werden. Da eine solche Bedeutung nicht in den Zusammenhang passt, so ergibt sich als nächste Aenderung ورزيدار ‚Ausübung‘, das Abstractum von dem Nomen agentis ورزيدار (الدصلم).

Z. 25 وستن steht für بستن vgl. Spiegel, P. Gr., §. 18*.

Z. 26 مردام اندر شاهنشاه مردام scheint mir eine falsche Transscription für كلها zu sein, wie auch in امشاسفندان u durch *a* wiedergegeben ist (ܡܝܘܡܦ). Wenn meine Uebersetzung der ganzen Stelle richtig ist, so ist اندر d. h. ܦ als „gegenüber" zu fassen, wie S. 828, 10, اندر توعه سپاسدارم „gegen Dich hege ich Dank.'

ایر وهو دین هو Vgl. S. 829, 2 ایر وایر وینشن ; Glossar, S. 851, 19 هو هیم, 851, 23 هو چشم. Der Gegensatz von هو ist اك, s. Glossar, S. 839, 10 اودین بهدین اكدین درونك

Z. 27 ساو باج Das Wort ساو halte ich für verderbt. Das Glossar, S. 846, 6, citirt ein سیوا: شیرین زبان هیزوان سیوا und in diesen Gebeten, S. 829, 25, kommt vor: شیو هزوان; ausserdem ist das neupersische شیوا ‚beredt' zu vergleichen. Altbaktrisches *khshvitrem hizvaĩm* ist Yaçna, 61, 11 mit ܡܟ̈ܣܘ ܣܝܡܝ übersetzt. Darnach scheint mir ساو باج eine Corruptel für شیوا باج ‚mit süsser Rede begabt' zu sein.

آوارتار weiss ich nicht anders zu erklären als eine falsche Transscription von ܣܘܠܝܐ ‚praecipue', s. Spiegel, Huzv. Gr. S. 133; *avírtar*, Spiegel, P. Gr., S. 128, 16. 21; 129, 3; ebendas. 129, 22 haben beide Handschriften (Londoner und Pariser, s. S. 188) *avartar*. Das Subject von بنك dürfte, wenn es nicht etwa aus dem Zusammenhang zu ergänzen ist, ausgefallen sein.

Aus dem vorhergehenden wird man ersehen, dass sich das zandische Original, aus dem dies Gebet transscribirt ist mit einiger Sicherheit wiedererkennen lässt, und im folgenden gebe ich einen Versuch zur Reconstruction desselben. Wenn ich die Zandisirung nicht bis zur letzten Consequenz getrieben, also ܢܥܝܝ, nicht ܢܥܝܝܘ, ܝܥܘܦܘ, nicht ܝܢܝܝܥ geschrieben habe, so geschah dies deshalb, weil das Gebet jedenfalls der spätteren Litteraturperiode angehört, in der die semitischen Wörter schon sehr bedeutend durch die eranischen verdrängt werden.

Das folgende Gebet ist aus Add. 8996, Bl. 60ᵃ ff. genommen.

چترم بُیاد

چترم بُیاد اهمه نمانه فتوم بُیاد اهمه نمانه توام فتوم بُیاد
اهمه نمانه پیدای باد اندر این مان وهان که همیشه پدیج
وآبادان باد نه رسشنه باد نه یزدان هادره وهان ماهمانی

5 دوستان اندرش باد فره وشیو خشنیتو این تو اهمه نمانه
خشنیتو ویچرنته اهمه نمانه خشنیتو آفری ننتو اهمه
نمانه ونگهیم اشیم خانرام خشنیتو پار ین تو هچه اهماد
نماناد | اهماکمچه مزدیسنه نام بخشنودی آیند امشاسفندان   Bl. 61ᵃ
وفروهران او و ای مان بخشنودی آفرین کنند اندر ایمان

10 بخشنودی فراج بروند اج ایمان یزشن وستایشن زبایشن واشایه
کار وکرفه برند اوعه دادآر اورمزد وامشاسفندان نه چشم کرزشن
بروند اج ایمان ما هما که مازدیسنیم شما که میزدومندان
اید یك تن تن جد که جد که بدین یزشن ودرون وآفرینکان
اوا هما هم کرفه بید ایستید هر که را زن وفرزند هست

15 دیر زیوا دیر فتا ماهمان باد هر که را نیست یزدان برهناد
اش دهاد تا صد وپنجاه سالان پس اج صد وپنجاه سالان پدوند
او سیوشانس فیروزکره پدوند باد شمای وهان همیشه اندر
شادی وبزم وبید اتان ورس | اور سر اتان می وجام   Bl. 61ᵇ
بدست اتان سپرم اندر بازو اتان خونیاعه بکوش اتان

20 دوستان شاد نه همنشست شما وهان نه کامه خویش رامشنی
پتایشنی ویرایشنی باد که هر چه زود تر شهد بید تا برساد
آن مردان داد آراستار کیهان ویراستار اشایه ورزیدار مرد
اوشیدر زره تشتان فشوتن وشتاسفان وهران هماوند زود اوعه
پیدای دین آیند رسند داد دین وه اوا آنه اورمزد دین

25 پدوند باد هودینه هولرمانه اندر ایران کیهان به اوسهناد

دین بُرداران شان اج دین نیکه رساد تا آنه مدن مردان

داد آراستار کیهان ویراستار اشایه ورزیدار مرد اوشیدر

٨ .۶۵ زرهتشتان فشوتن وشتاسفان وهرام هماوند دین فرخ |

پادشاه زمانه اوا اوز هما وهان هودینان بسته کشتیان

۳۰ اندر هفت کشور زمین هوچشم هو نکری دار کناد اور دست

اوعه داشتار پرورتار بند وتران اور دست اوعه زدار اوسئیدار

بند تا وهان اوعه کامه رسلد هر چهد همان وهان آفرین پیدا

ایزد یکی را ده دهرا صد صدرا هزار هزار تا بیوران بیور

زود رساد دیر فتا ماهمان باد آنه یزدان اوعه یزدان رساد

٣٥ آنه وهان اوعه وهان رساد هر چشی ایدون باد همچنین

اورمزد وامشاسفندان کامه باد ایدون باد ایدون فرج باد

اشم یك

Uebersetzung.

cithrem buyât

cithrem buyât ahmya nmânê
pitûm buyât ahmya nmânê
thwām pitûm buyât ahmya nmânê

Offenbares sei in diesem Hause der Guten, das immerdar
wohlbehalten und blühend sein möge. Es sei in Gedeihen durch
Gott. Hülfe der Guten und Pflege der Freunde sei in ihm.

fravashayô khshnûtâo ayantu ahmya nmanê
khshnûtâo vicarentu ahmya nmanê
khshnutâo âfrînentu ahmya nmanê
vanuhîm ashîm qâparûm khshnûtâo pârayantu
haca ahmât nmânât [çtaomâca râzareca barentu
dathushô ahurahê mazdâo ameshanûm çpentanūm
mâ-cim gerezânâo pârayantu
ahmât nmânât] ahmâkemca mazdayaçnanūm

,Zufrieden mögen die Amshasfands und Fravashis zu diesem
   Hause kommen,
Zufrieden mögen sie Segen spenden in diesem Hause,
Zufrieden mögen sie fortgehen aus diesem Hause,

Verehrung, Lob und Preis, Ausübung des Reinen und Guten
mögen sie bringen zum Schöpfer Ormazd und den Amshasfands,
Mögen sie (nicht) über irgend etwas weinend fortgehen aus
diesem Hause von uns allen, die wir Ormazd-Verehrer
sind.'

Ihr, die ihr Myazd opfert, jeder einzeln, Mann für Mann,
jeder besonders, die Ihr bei dieser Anbetung, diesem Opfer
und Lobpreis mit allen gemeinschaftlich gehandelt, jeder, der
Weib und Kind hat, möge mit langem Leben, mit lange dau-
ernder Kraft existiren; jedem, der solche nicht hat, möge Gott
sie erschaffen. Bis zu 150 Jahren und nach 150 Jahren un-
unterbrochen bis zum siegreichen Siyôshâns existire das Ge-
schlecht.

Ihr, o Gläubige, seid beständig in Freude und Festlichkeit,
und es sei Euch Haar auf dem Haupt, Wein und Becher in
der Hand, —— im Arm, liebliche Töne im Ohr, Freundes-
freude in Eurer Versammlung. Den Gläubigen sei zu eigner
Befriedigung Freude am Schaffen und Wirken, das auf das
schnellste‧ geschehen muss, bis dass komme jener Mann,
der Ordner der Gerechtigkeit, der Reformator der Welt, der
Vollbringer reiner Thaten, der Mann Oshêdar, Sohn des Zartusht, und Peshôten, Sohn des Gushtâsp und Bahrâm der Starke.
Schnell kommen sie herbei zur Offenbarung des Gesetzes, eilen
herbei zur Gerechtigkeit des guten Gesetzes.

Mit Ormazd, dem erhabenen, sei das Gesetz verbunden.
Der Zustand guten Gesetzes, guter Herrschaft möge im Lande
Eran zunehmen. Den Gesetzesträgern komme Gutes vom Gesetz bis zu dem Kommen jenes Mannes, des Ordners der Gerechtigkeit, des Reformators der Welt, des Vollbringers reiner
Thaten, des Mannes Oshêdar, des Sohnes Zartusht's, und Peshôten's, des Sohnes Gushtâsp's und Bahrâm's, des Starken.

Das Gesetz des gesegneten Königs mache die Zeit zugleich
über alle guten, rechtgläubigen, mit dem Kustî bekleideten in
den sieben Theilen der Erde günstig und von gutem Zeichen.
Sie seien unterthan dem Erhalter, dem Ernährer; die bösen
seien unterthan dem schlagenden, dem vernichtenden, damit
die Guten Befriedigung erlangen.

So oft das Gebet frommer Gläubiger sich offenbart, möge ein Engel schnell herbeikommen, zehn zu einem, hundert zu zehn, zehntausend zu hundert, zehntausend bis zu hunderttausenden; mögen sie mit langer Kraft bestehen. Jener Engel möge kommen zu einem Engel, jene Gläubigen mögen kommen zu Gläubigen.

Alles geschehe so; so gereiche es Ormazd und den Amshaspands zur Befriedigung. So sei es, so sei es durchaus.'

Z. 1 *cithrem buyât* Der Anfang des Gebetes besteht aus zwei Citaten aus dem Avastâ mit pazendischer Paraphrase. Die erste Stelle finde ich nicht im Avastâ; da aber jedes einzelne Wort im Avastâ vorkommt, so kann über den Text kein Zweifel sein. In Analogie mit der Schreibweise der folgenden Verse lese ich اهمیا hier *ahmya*, nicht *ahmi*. *cithrem* übersetzt die Tradition· meist durch جرم oder durch چهر; das letztere vorziehend, übersetze ich:

,Same (Nachkommenschaft) sei hier im Hause,

Speise sei hier im Hause,

Dir sei Speise hier im Hause.'

Die Paraphrase in unserm Texte ist jedenfalls sehr ungenau.

Z. 3 پیدیم Das Glossar erklärt S. 841, 5 خوشی حدیم und in der Paraphrase des Ormazd Yasht (Add. 8994) ist in v. 22 (Westergaard) *thrimem* durch پدیختن übersetzt; die Stelle lautet: اهنور یزم اشایه فشوم نیك امرك افزونی یزم هماوند؛ وپدیخته اوج وفیروزکرد وخروة وزود یزم الخ Yaçna, 9, 48 übersetzt جرم baktrisches *thrimâi*; vgl. Spiegel, Commentar über das Avesta, II, S. 485, 684.

Z. 4 هادرة hier und S. 829, 29 macht Schwierigkeiten. Wenn man aber die betreffenden Ausdrücke im Avastâ, aus denen diese Stelle geflossen sein kann, durchmustert, so wird man mir hoffentlich beistimmen, dass dies هادرة kaum anders aufzufassen ist als eine falsche Transscription des zendischen میوس (neupersisch یاری), das baktrisches *avaṅh* übersetzt; man vgl. Stellen wie Yaçna 4, 11, wo es heisst, die Fravashis seien herbeieilend میوس اریل کو د سه ,zur Hülfe (*avaṅhê*) der Reinen'.

Z. 5 فروشیو الخ Diese Stelle ist Farvardîn Yasht v. 156,
157; durch ein Versehen des Schreibers ist das eingeklammerte
von çtaomâca bis nmânât ausgefallen, während es in der Paraphrase wiedergegeben ist.

Z. 9 ای مان wird auch ایمان ‚dies Haus‘ geschrieben.
Ueber das Demonstrativ ê verweise ich auf Spiegel, Huzv. Gr.
§. 80. Aus mittelpersischem pun ê dâshtan ‚dafürhalten, meinen‘
ist neupersisches پنداشتن entstanden.

Z. 11 اوعه, auch اوی und allein و, sind Transscriptionen
der als Dativzeichen verwendeten Präposition ﻣ, s. Spiegel, Huzv.
Gr. §. 51. ودوزخ ‚zur Hölle‘ kommt vor Spiegel, P. Gr. S. 156,
14 und 159, 9. Ebenso vertritt اوی das zendische ای; vgl.
Spiegel, a. a. O. S. 158, 1 او آو وآتش mit Tradit. Litteratur
der Parsen, S. 311 (nr. 13) لﺍ ﻧﻢ ﺍﺳﻴﺐ

چشم كرزشن الخ فه ‚und über irgend etwas weinend.‘ Die
Uebersetzung der Negation mâ ist ausgefallen, und dadurch das
ganze sinnlos geworden. كرزشن als Uebersetzung des baktrischen
gerezânâo ist von كرزیدن (neupersisch كریستن) abzuleiten.

Z. 12 میزدومندان ist wahrscheinlich Uebersetzung des
baktrischen myazdavan.

Z. 14 بید ایستید Das zendische Hilfszeitwort ﻭﺍﻳﻬﻢ wird
im Uzvaresh ایستادن gelesen, also بید ایستید = ﻭﺍﻳﻬﻢ
‚ihr seid gewesen‘, s. Spiegel, Huzv. Gr., §. 106.

Z. 15 دیر زیوا دیر فتا Ueber die Bedeutung von دیر زیوا
(vgl. S. 828, 7) kann kaum ein Zweifel walten; es entspricht
baktrischem dareghôjîti, ‚lange lebend‘ (zendisch ﻛﺪﺭﻭ
Yaçna 9, 66). Auffallend bleibt aber die Transscription زیوا, während es S. 837, 2 richtig durch زیوشنه wiedergegeben ist. Das
folgende دیر فتا (ebenso S. 823, 34) dürfte nicht mit baktrischem dareghâyu (ﻣﻞ ﻣﻪ Yaçna 28, 6), sondern mit zendischem ﻣﻪﻭﻩ (patûi) ‚Kraft‘ zu combiniren sein; vgl. Spiegel,
Commentar II, S. 22, 107, 281, 327. Man müsste dann annehmen, dass hier wie in مردام und امشاسفندان u durch a
transscribirt sei.

ماهمان Es ist schwer die Bedeutung des gar nicht selte-
nen (ماهمان تر (s. S. 822, 4. 15; 823, 34; 829, 29 ﻛﺴﺒﻢ ﻣﺎﻫﻤﺎﻥ)

genau zu bestimmen; es scheint ‚existirend, befindlich‘ zu be-
deuten. Das Glossar erklärt S. 849, 16 (? مُوَكَّل) موكل ماهمان
und Neriosengh übersetzt es mit *abhyâgata* (wegen des neupersischen مهمان ‚Gast‘?). Spiegel übersetzt es auf sehr ver-
schiedene Weise: Commentar über das Avesta I, S. 378
میهمان ‚besonders‘, S. 145 تر میهمان ‚am meisten hingegan-
gen‘, II, S. 8 تر میهمان ‚am wirksamsten‘, ebendas. میهمان
‚ausgezeichnet‘, S. 31 میهمانش ‚Wohnsitz‘, S. 76 میهمانش
‚Gehen‘ u. s. w.

Z. 16 تا صدوپنجاه سالان Es ist bemerkenswerth, dass
gerade die Zahl 150 (drei Generationen?) in solchem Zusammenhang gebraucht wird, vgl. meine *Contributions*, S. 48, Unter-
schrift von Add. 8996 und Justi, Bundehesh, Einleitung S. XIX,
Z. 7. v. u.

Z. 18 وبید Vorausgesetzt, dass diese Lesart richtig, muss
man بید als falsche Transscription für باد erklären; das
Glossar erklärt auch S. 840, 12 بید یعنی باد

Z. 19 سپرم خونیاعه, Ueber das Wort سپرم, das nach dem
Zusammenhang die Bedeutung ‚Kraft, Stärke‘ zu haben scheint,
wage ich keine Vermuthung. خونیاعه ist wahrscheinlich dasselbe als neupersisches خنیا ‚Melodie‘, das ich aus dem Zendischen nicht belegen kann. Sollte ⲟⲓⲣ *hunyâ* (Pahlavi-Pâzand
Glossary, S. 7, Z. 1) mit diesem خنیا verwandt sein?

Z. 21 شهد hier und S. 834, 23; 835, 1. 10; 836, 12. 21 ist
falsch umschrieben aus سس (شاید); das Glossar schreibt statt
dessen شهید S. 846, 20: شهید شاید Ich bezweifle, dass diese
Stelle (شهد بید) richtig überliefert ist;
wahrscheinlich ist unmittelbar vorher etwas ausgefallen.

Z. 23 اوشیدر Ueber Oshêdar, Peshôten, Bahrâm und ihre
Stellung in der zoroastrischen Eschatologie verweise ich auf
Spiegel, Uebersetzung des Vendidâd, Einleitung, S. 32 ff. مردان,
wie hier und S. 823, 1 überliefert ist, passt nicht zu برساد und
den Singularen وررزیدار, ویراستار, آراستار. Wahrscheinlich
ist zu lesen: مرد آن داد آراستار

3*

Z. 25 اوسهناد bedeutet ‚es nehme ab‘, also das gerade Gegentheil von dem, was der Zusammenhang erfordert. Hier muss eine Verwechselung mit افزایاد ‚es mehre sich‘ vorliegen.

Z. 26 تا آنه مدن entspricht zendischem ᵐᵃⁿᵈᵃⁿ, s. Spiegel, Huzv. Gr., §. 163, S. 143. In anderen Stellen scheint آنه ᵐᵃⁿ zu vertreten und wie das neupersische للتفخیم آن gebraucht zu sein; آنه اورمزد ‚jener Ormazd‘, d. h. Ormazd, der erhabene.

Z. 29 أوا Die Berechtigung meiner Uebersetzung ‚zusammen‘ ergibt sich aus Spiegel, P. Gr., S. 110; Huzv. Gr., S. 139.

Z. 30 نکری دار هو ist wahrscheinlich eine Nominalform auf dâr von نکریدن ‚gut sehend, einen günstigen Anblick bietend.‘

ابر دست würde heissen ‚überlegen‘, während der Zusammenhang ازیر دست ‚untergeben‘ verlangt. Das Versehen erklärt sich durch eine Verwechselung von ابر und ازیر.

Z. 32 هر چه دهمان (ᵐᵃⁿ) ist zu lesen: هر چه د همان ‚so oft das Gebet frommer Gläubiger sich kund thut.‘

Z. 35. اوعه وهان رساد Man würde nach وهان den Plural رسند erwarten.

Add. 8996 Bl. 45ᵇ.

نماج اورمزد

نماج اوعه اورمزد رایومند خروهمند هروسف آگاه دانای توانای
توانکردار اوخشایشنی کر هروسف نیکه دادار | هروسف نیکه
داشتار هروسف اناکه اواج داشتار ورجاوند سهی فیرزوکره پاداشاه

ورجاوند آفرینکان اوبجه سپاسدارم بمنشن سپاسدارم بکوشن
سپاسدارم بکنشن دادارسپاس توکه نیکه زمان آمد سپاسدارم که
اناکه زمان نرسید سپاسدارم که اندر آسمان زیوا زمین فه پهنا

روز فه درهنا خورشید فه بالا آوان تجشن ارودان وخششن خورشید
تاوشن ماه روشن ستاره فه آسمان اج بن دهشن تا اورمزد اج

10 امروز تا رستاخیز تن پسین اندر توعه دادار اورمزد سپاسدارم

Bl. 46ᵃ

بمشنن سپاسدارم بکوشن سپاسدارم سپاسدارم بکنشن دادار سپاس توکت

ایر وهو دین کرد م اُت هُشن ووير ووارُوم روشناعه چشم

BL 47a ودست ا پای وخُررشن خُوش وجامه نیك نیز هنا نیكه

نه كامه داد م دادار سپاس تو منشنی وكوشنی وكنشنی هر

روز هزار بار هزاران هزار بار اندر توعه دادار اورمزد سپاسدارم 15

بمنشن سپاسدارم بکوشن سپاسدارم سپاسدارم دادار سپاس

توکت اج چهر مردمان آفرید م اُش آشنوا وكویا وبینا

داد م اُت آزاد وبرهنید م اُت نه بنده اُت مرد داد م

نه زن اُت واج خور آفرید م نه درایان نیایشنی م اوعه

اُت دادار كه آنه دهشن وینم چین چین آسمان بلند چین 20

خورشید تاوشنومند چین ماه كوسفند تخمه چین آتش سرخ

سوزای برهومند چین خروه پادشاه وكنم خواسته آبادامند

BL 48a چین زمین ا برومند چین آب روشنومند چین ارور دارو

درخت واسترج ارشنومند چین زن ترسكاعه هوچهره خروه‌مند

چین پس انجمنی هورست شیر هزوان پسندشنی نیاعشنومند 25

چین دوستان وهمسایكان وبرادران نبانزدشتنان

أرواخشومند چین رامشن خارام منشن خویش اوایست فرارین

هروسفج آنه تو آوادامند وسود وخروه وخاره نیكه ام اندر

این كیهان واشایه اومند اوعش هاذره پدش ماهمان تر

هست أشان بهشت بهر باد انوشه شان به اوعه روان رساد 30

به اوعه بهشت روشن به آسانید وپدران ومادران وبرادران

وخواهران وخردان ودوستان وهمدینان من‌كه بید اند آنكه بزرگ

BL 49a اند هما شان ا بهشت بهر باد أشان كیتی بهر باد أشان

كار وكرفه كیتی بهر باد هماعج منشن وكوشن وكنشن نه

آنه راست فرارین نه راه وهان پسند یزدان باد ایدون 35

باد ایدون ترج باد ¹   اشم وهی یك

<hr>

¹ In Cod. Ouseley 110. III. Bl. 197ª findet sich ein Fragment, das dem
Schluss dieses Gebetes sehr ähnlich ist: كیامرت تا امروز كه بودند

Uebersetzung.

Ormazd-Gebet.

Gebet sei Ormazd, dem glänzenden, majestätischen, der alles weiss, kennt und kann, dem mächtigen, dem Herrscher, der alles gute schafft, alles gute erhält, alles böse fernhält, dem glänzenden Fürsten, dem siegreichen König; reiner Lobpreis.

Ich danke in Gedanken, Wort und That. Schöpfer, Dir gebührt Dank dafür, dass das gute der Zeit gekommen ist; ich danke, dass das böse der Zeit nicht gekommen ist. Ich danke, dass am Himmel Leben ist, dass die Erde weit, der Tag lang ist, dass die Sonne hoch oben steht, dass die Wasser fliessen, die Bäume wachsen, die Sonne leuchtet, dass der Mond wandelt, dass das Gestirn am Himmel steht, von dem Grunde der Schöpfung bis zu Ormazd, von heute bis zur Auferstehung des zukünftigen Leibes.

Dir, o Schöpfer Ormazd, danke ich in Gedanken, Wort und That. Dir, Schöpfer, gebührt Dank dafür, dass Du das ehrwürdige, gute Gesetz geschaffen, ausserdem auch das Leben, den Verstand, den ausgezeichneten Glanz des Auges, Hand und Fuss, treffliche Nahrung und gute Kleidung, und ferner alles gute zur Befriedigung geschaffen. Dein Dank, o Schöpfer, sei das Denken, Sprechen, Thun, jeden Tag tausend Mal, ja Millionen Mal.

Dir, o Schöpfer Ormazd, danke ich in Gedanken, Wort und That. Dir, Schöpfer, gebührt Dank dafür, dass Du aus Samen den Menschen erschaffen, ihn hörend, sprechend und sehend gemacht, dass Du ihn frei erschaffen hast, nicht als Sclaven, als Mann, nicht als Weib, als einen, der bei dem Mahl sein Gebet spricht, nicht als einen solchen, der es unterlässt.

هما شان بهشت بهر باد اشان كيتى بهر باد اشان اج كار
وكرنه كيتى بهر باد عماعج منشن وكوشن وكنشن آنه
راست فرارونه فه راه يزدان وپسند وهان باد ايدون باد
ايدون ترج باد   اشم وهى يك

Lobpreis ferner sei Dir, o Schöpfer, dass ich von dieser
Schöpfung sehe, dass dieser Himmel hoch, diese Sonne leuch-
tend ist, dass dies Feuer roth brennt und Asche bringt, dass
diese Majestät des Königs und der Schatz des Besitzes unver-
sehrt ist, dass diese Erde Frucht trägt, dieses Wasser fliesst,
dass diese Bäume und Gehölze, Sträucher und Weiden wachsen,
dass dieses Weib gottesfürchtig, schöngesichtig und glänzend
ist, dass diese Söhneschar wohl gewachsen, süssredend, billigens-
und lobenswerth ist, dass diese Freunde und Genossen, Brüder
und Verwandten glücklich sind, dass diese Freude erquickend,
das Denken angenehm, das Wollen gut ist. Und alles gehört
Dir, das blühende, der Nutzen, die Majestät, der Glanz und
das Gute in dieser Welt; und dem Reinen gereicht es zur
Hülfe und er besteht dadurch.

Das Paradies werde ihnen zu Theil, unsterblich gehe ihre
Seele zu ihm, er mache leicht den Gang zum Paradies. Und
den Vätern und Müttern, Brüdern, Schwestern, Verwandten,
meinen Freunden und Glaubensgenossen, die gelebt haben,
den Grossen — ihnen allen werde das Paradies zu Theil, ihnen
werde die Erde zu Theil, ihnen werden die guten Thaten der Erde
zu Theil. Und alles Denken, Sprechen und Handeln sei Gott
angenehm für diesen Gerechten, Frommen in dem Wandel der
Gläubigen. So sei es, so sei es durchaus.'

―――――

Z. 4 سهی lässt sich mit dem neupersischen سهی ‚hoch'
combiniren, wie Spiegel, Commentar, II, S. 684 gethan zu haben
scheint; vielleicht ist es nur eine falsche Transscription von
سو (شاه).

Z. 7, 8 درهنا, پهنا Das erstere übersetze ich nach dem
Neupersischen als ‚Breite', das zweite halte ich für eine eigen-
thümliche Transscription von دلمر درانای ‚Länge'.

Z. 9 تاوشن hier und S. 835, 14 steht für تاپشن (ﻣﻌﻮ) von
der Wurzel tap; davon S. 829, 21 تاوشنومند ‚mit Glanz begabt'.

Z. 10 ﺗﺮوﻉ ist hier der pazandische Vertreter von رو. Auf
die Form des Wortes dürfte die Analogie von اروﻉ Einfluss
gehabt haben.

Z. 12 هُشِنَ الخ Meine Uebersetzung dieser Stelle ist sehr con-
jectural. هُشِنَ deute ich als هوش ‚Leben‘, s. Justi, Glossar zum Bundehesh. Die gewöhnliche Bedeutung von وير
‚Held‘ scheint hier nicht zu passen; ich übersetze es nach dem
Neupersischen als ‚Verstand‘. واروم (پاهروم) dürfte aus
umschrieben sein, wogegen nur zu bemerken ist, dass p zu
Anfang eines Wortes im allgemeinen beibehalten zu werden
pflegt. روشنايه schliesslich ist (vgl. S. 835, 14 روشناعه).

Z. 17 اشنوا hier und S. 835, 18 ist ein Participium auf â von
آشنودن, vgl. Glossar, S. 839, 5: آشنواينك يعنى بشنواينك.

Z. 19 واج خور, درايان Das Glossar erklärt S. 844, 7:
درايان durch بى باز خوردن und ebenso S. 844, 22 درايان
also ‚speisen ohne vorher und nachher zu beten‘; das خورشنى
Gegentheil davon ist واج خور. Auf S. 834, 12. 13 steht dem
درايان gegenüber كر يشت.

Z. 21 كوسفند تخمه d. i. übersetzt gaocithra
(z. B. Yaçna 1, 35). Zu dem sachlichen ist zu vergleichen
Bundehesh c. X.

Z. 22 سوزاى ist transcribirt aus Wurzel suć, wie
S. 834, 8 von Wurzel tać. تراعه

برهومند In der Handschrift ist zwischen ر und s ein
Buchstabe ausradirt. Wenn بر (Spiegel, Tradit. Litteratur etc.
S. 423) wirklich ‚Asche‘ bedeutet, so dürfte) als ‚mit Asche
versehen‘ zu erklären sein. Das Glossar erklärt S. 850 ور =
ور آدران u. d. W. خاكستر.

Z. 22 اوادان und اواده, ابادامند haben eine viel allgemei-
nere Bedeutung als neupersisches آباد, آبادان. In der Paraphrase des Ormazd Yasht (Add. 8994) wird v. 7 (Westergaard)
vôhû ‚gut‘ mit اباد ه übersetzt. Was der Verfasser unter كنج
خواسته versteht, ist mir nicht bekannt.

Z. 24 ارشنومند Ein solches Wort kann ich nicht erklären;
höchst wahrscheinlich ist es eine Corruptel für ارويشنومند
(ملتى) ‚wachsend‘, womit Vendidâd 19, 60 baktrisches
uruthmya, Vend. 18, 126 uzukhshyêitinãm übersetzt ist.

ترسكاهه kommt vor in der Uebersetzung von Yaçna
53, 3 (ملسى), s. Spiegel, Commentar II, S. 423. Meine Ueber-

setzung, „gottesfürchtig‘ beruht auf der Vermuthung, dass das Wort eine Ableitung von ترسیدن ist (etwa mit der Bedeutung des neupersischen ترسکار).

Z. 25 پس انجمنی ist wahrscheinlich ⲕⲟⲣ ⲛⲟ „Söhneschar‘; انجمنو auf S. 837, 3.

Z. 27 اروحشومند geht zurück auf baktrisches *urvákhs*; vgl. اوروحمنیه bei Justi, Glossar zum Bundehesh. Die gebräuchlichere Adjectivform scheint aber اروحمند zu sein, s. Spiegel, Commentar, II, S. 115; 221.

چین رامشن خارام الخ Ich habe zu keinem sicheren Verständniss dieser Stelle gelangen können; خارام fasse ich als Transscription von ⲕⲗⲣ (فروخم), s. Vendidâd 18, 61; für خویش lese ich خوش und اوایست ist in der Bedeutung „Wunsch‘ zu nehmen, in der es im Bundehesh vorkommt, s. Justi, Glossar u. d. W. افایست.

Z. 28 خاره und خواره sind umschrieben aus ⲕⲗⲣ (*qâthra*); viçpa qâthra خاره, هروسف, pouru qâthra پر خواره (Paraphrase des Ormazd Yasht zu v. 14).

ام نیکه ام und ⲙ sind transscribirt aus ⲕ und werden gebraucht wie ⲋ (*ćn*); ونیکه = نیکه ام ج

Z. 30 أشان Vor أشان ist wahrscheinlich etwas ausgefallen, da nicht angegeben ist, wer die in أشان gemeinten sind. Die Vergleichung des Fragmentes in Ouseley 120 bestätigt diese Vermuthung: [„den frommen, rechtgläubigen von] Gayâmurth bis auf den heutigen Tag, die gelebt haben, ihnen allen werde das Paradies zu Theil‘ u. s. w.

Anhang.

I. Add. 8996 Bl. 49ᵃ.

بنـــام دادار   1

بنام دادار وهه افزونی سپاسدارم اچ دادار آسمان وزمین سپاسدارم

Bl. 49ᵇ   اچ دادار آمرزیدار سپاسدارم اچ دادار کرنه دوست سپاسدارم

اچ دادار نیکه کردار سپاسدارم اچ دادار هوفادار سپاسدارم

5   اچ دادار فرارین کردار سپاسدارم اچ دادار ارخشایشنیکر سپاسدارم

اچ دادار کرنه کر سپاسدارم   اچ دادار توانکردار

BL 50ᵃ | اویکمانم نه یکه وهسته بودن دادار اورمزد وامشاسفندان

وبهشت ودوزخ ورستاخیز تن تسین از نژاعه آب وهشاعشن

اُرور اویکمانم نه اویجه دستوره زراتشت سفتمان کرفت

10 ام هرروسف هُمت وهیخت وهورشت هشت ام بهروسف

دُشمت ودُژیخت ودُژورشت سپاسدارم اچ دادار وهه اورزونی که

ایرهٔ نه انبر وه دین هٔ نه اکدین مرد هٔ نه زن یشت کرهٔ نه

درایان ونند نه نام ونیروی اورمزد داد داریم منیم بمنشن

هر روز اینم مه منید اندیشید که امروز چند کرنه کردم وچند

15 کرنه توام کرد چند وناه کردم چین اچ وناه توانم پهریخت

چه که کرنه کنم بکینی هما رنج بید نه فرجام نیک اوعه

پیش آئید که بزه کنم بکینی هما رنج بید نه مینو پادافراه

کران اواید بُردن * اینم مه منید کهٔ کهٔ که وید که ندانستم

سهٔ[1] عنکرایشنی چه دانایانم کوند که تان کرسنکه

20 بید نان که تشنکه بید آب پس آوارج خورشنهای خوش

دانید خوردن وانج دانستن اواید که پدرانم عما عر که

مُرد اند چشم آواده خواسته اوا به بُردن نتوان این چنین

که نه پُرسید اچ دین دستوران که بهشت بچه شهد دیدن روان

---
[1] سهٔ ist mit rother Dinte geschrieben.

را بچه شهد بوخن بكدام را به اواید شدن بمنشن چه اواید
كفتن بكنشن چه اواید كردن چو وُت اچ كوشن به تفها بید
دوستان مه بید نه انباره خواسته مه نه تندرسته شاد وخرم چه
هودارشنه روان نه كردار نه كیتی كُنند پیدا بید كه تن اچ
این كالبُد زود بشوقید مزدم وُت خواسته نه كیتی نمانند | ٥

۵۵ BL اكر اچ اندوجشن بد اندوخت ایستید اوعه فراخت
روان نرسید مردمان بكرنه كردن تحشا بید چو تان نفرمود
ایزد وناه كردن كار به بیم ایزد كنید هر كه كُنید كار نیك
وراه راست بكردن داربد كه تان بوجشن روان باد بهر چه
رسید خوش منشن سپاسدار بید وآنچه بخویشتن نشهد 10
بهیج كس مكنید اُمید داربد اچ دادار اوخشایشنی كر وستا
خوان بید به آنكه شمارا آفرید اُش آسمان بیستون اور داشت
اُش برمین وشاد وآب سیاه اور زمین ببُرد وآب روشن خوش
اور زمین اور آورد وخوررشید وماه بتاوشن روشناعه اوعه عما
داد ومارا بندهای نیك داد پس ما از كه تا اوعه مه روز 15

۵۵۵ BL صد هزار | بار این به آواید اندیشیدن كه چون به نبكه
توانكر مِ از دادار اوخشایشنی كر آمرزیدار كه مارا به وُت
چش ارزانی كرد نه چشم وینا نه كوش آشنوا وفه هزوان كویا
نه دست كردا بپای رُباعه داد وهر اندام درُست اوعه عما
داد وُامان اویجه آفرید به مردمان به سپاسداره كردن نه 20
تحشیداره اند آند درویش اوعه آن توانكر وس خواسته نكرند
ناسپاسه كُنند نه آن آهوك تن خویش دوزخی كُنند بشما بكرنه
كردن تحشا بید طآ اورمزد اور شما آمرزشن بید ایدون كنند كه
رستا خیز بید اور شما آمُرزشن بید مه شما همواره اوعه

۵۵۵ BL. وررزشن خوش نكرید به اوعه كرداره نیك كوشید | فرمان 25
بُردار بید اندر پد وماد چه كه پد وماد نخشنود بید هركز
بهشت نه وبنید بجای كرنه بره بینید به وُت خواسته كوشش
مكنید مهانرا به آرزم ونیك داربد كهانرا بهیج آتینه مه

آزارید اج خویشاوند درویش تنك مدارید داد ونداد اورمزد

دانا بكار دارید چه هر كه كار كه پدش كنید روان بوختیارهٔ

خویش را كنید هر كر براه شوید توشهٔ اورا برید خوارهٔ

خویشیرا به برید عماجع بكیتی توشهٔ مینو اواید بُردن

5 آواید آراستن كه بروان دشوار نه بید پُرسید اشو زراتشت

از اورمزد كه كوهی كه نجنبید كدام اواده كه نه اندازید

وكدارجی كه نه زائید ونه میرید كه اورمزد پاسخ داد كه

كوهی كه نه جنبید كروثمان اواده | كه نه اندازید بهشت

چه كه نه زائید ونه میرید من كه اورمزد هم پُرسید

10 اشو زراتشت از اورمزد كه دادار وه افزونی پروردار داشتار

هما كس مردم اندر كیتی كردار چه آئینه اواید كردن من را آكاه

كن كه روان را بچه شهد بوختن اورمزد پاسخ داد كه

سفتمان زراتشت هر چه بكردار كیتی كنید نه مینو اوعه

پذیره آئید بدین هوناست اویجهٔ مازدیسنان پیدا ایدون

15 بكردم كه هیچ نیست كه به اوستا اندر نیست ترا آكاه كنم

روشنیها ویم ودانم كه نخست ونداد روشنه بهشت اینكه

بهشته من اورمزد وامشاسفندان بهشت ودوزخ رستا خیز

تن پسین وشمار نه چینود پُل ونیسته اهریمن دیوان ودروند

20 زد خروه دوزخی اویكمان بید وديكر | راده واندوجشن

راسته سديكر سپاسدارهٔ چهارم بنده منشنه پنجم آنچه

بخویشتن نه شهد بهیج كس مكنید   اشم یك

سپاس اكناره

سپاس اوعه كش سپاس اكناره آواده كردارهٔ آسمان مردام اج

فرمان مهست اج مینویان فرزانیعه هروسفكان داشتار دامان

25 آفریدار استومندان یك نه یك هروستكان چاره خواستاره

اچاركان اورزاییدار كرنتاركان بوجاینیدار هر كس اج بیم

وآستانهٔ كران آیفت خواستاره هم كامان بوجین برازین بُرزین

بومين بهرين اندر هر دو اخونان أمان اوعد تندرسته
رُبشنه اوعد كان دير زِيوشنه اوعد هير آواده اوعد نام هُسربه
اوعد روان اشويه ده أمان هوچشم انجمنو بكُن أمان بهر

Bl. 87b دل | اوايشنى بكُن أمان نه هير تروانكرى مان بكُن أمان
نكهدار كوشودار اُبادار نانه وپاسبان باش اج هر عيبه كد ⁵
پتيارَه اج كنكان وكلفان وارشكنيان كينه وران وود خواهان
نو درايان اوارين كنشنان بزه انديشان اروند خواهشنان
اشمارشنان بيداد كران مسته كران كه تن هير ما نه ازارند
روان ما نه مروچينند هيچ وزند وزيان اناكه به اوعد ما
متوان باد كفتن وكردن ومنيدن آنكش وزند وزيان اناكه ¹⁰
اُث كاميد،'بودن وتران بتن خويش هميدارند تا بهنكام
مهر نراخ (!) كايود رسيدن ايدون باد ايدون ترج باد اشم يك

II. Handschrift der Bodleyana, Ouseley 125 III. Bl. 123ᵃ.

بنام ايزد بخشاينده بخشايشكر مهربان دادكر
لُغتهاى روايت دينى مى نويسم

¹⁵ باب الف ايزد خدا اختر طالع بود اثررنان كروه دستور
موبدان راكويند ارتيستاران كروه پادشاه وپهلوان ايّا يعنى
مايان' واشارت را كويند ايدين يعنى ايدون آنرينيد يعنى
بيافريد اوِيژه خالص بود اوداَفزونى وه افزونى اثررنان كاه
²⁰ يعنى جايكاه دستورى اوا رِهان يعنى با بهان اوايد يعنى
بايد اواج باز اشايه لشوئى اشوئى پاكى ايدر اينجا اروِيسكاه
جاى يزشن كاه آدشك آتش كه برو سوزند بهندى اورا سكرى
كويند اوا² كن يعنى باز كن اور يعنى بر ارميشت زنى كه بچه

¹ Wahrscheinlich نمايان
² Lies اواج

مُرده زاده باشد عرمیشت م کویند اشای اشوئی آوادی

Bl. 1231 آفرینش | وآبادی برد آیار یار برد اسپرده افسُرده

اوشپوش بهندی جوا واشپیش م کویند ائی معنی او یعنی

باشد ایرا چه زیرا چه استودان دخمه انسان یعنی الیسون

5 ایران یعنی بهدین انیران جد دین یعنی درونند اور

دین یعنی بر دین ایافت خواستار یعنی حاجت روا شود

اوزدن زدن اروار کوش چپ را کویند اوستای خورد یعنی

اوستای آهسته ایر بهدین انیر یعنی درونند اشو پاک اهو

یعنی خوب اشوتر پاکتر اماهان یعنی آهن اورسفارنند یعنی

10 باو سُپارنند استر خاکستر را کویند وخیچر را کویند ایوبر

زن ریمن[1] ایفیت تندرستی ومحت استغفار یعنی آمرزش خواستن

اسپوزرشیوش دیوی است که باران باریدن نداهد اسنرند

ریونند کوه برد انوشه یعنی همیشه استوانی یعنی بیشکی

استوان بیشک اوزنشن کُشتن اودم دوم اوسردش وزایشن

15 یعنی سود اورا بیفزاید ایرنکهن[2] کستی را کویند |

Bl. 1144 اسپنامینو اسم خدا برد آن نمکین یعنی بسیار لذت درو

می آید اورا می کویند الرق[3] یعنی بی پایان وبیشمار احسان

خوبی‌ها ایز ایما پدیرفتار باد یعنی ایزد از ما قبول کناد

ایز ایزد را کویند اورمنشنی تکتبری از هر وسنی یعنی از هر

20 کرنه باشد انکهره مینوش یعنی نیست شود آهرمن اواختر

نیمه یعنی سری اواختر' ایوبر ریمن زنی که بچه مُرده زاده

باشد ادراج درج ابراج بُرج انتقام کینه الوان نعمتها وکرنه

کرنه اورنّاه یعنی یکانه یعنی دوست اورنّاه پرنّاه یکانه وبیکانه

---

[1] سجاه .رولهه ایوبر زنی که فرزنند مرده زاده باشد
یعنی ریمن

[2] *aиυγδоṅhana*

[3] Am Rande: وافر

[4] Ueber der Zeile: یعنی طرنه شمال

اقسمه یعنی قسمت اعتدال برابر اغوش امرك امرك بی مرك
احتشام بزرکواری اثبات ثابت انسانیه یعنی مردم اوی بیم
بی بیم اوارون بدکار اژدهاك ضحاك تازی را کویند که بر
دوش او صورت اژدها بود اوروند یعنی تیز رو اوین آب انکوین
شهد بود آشنوایند یعنی بشنوایند ازش خُدش نام یعنی ۵
از خودی خود پیدا شد اوخشیدار نام خدا یعنی همیشه
بیدار اجناس جنس‌ها ازیر یعنی زیرتر اور بالا BI. 124b
آشموغ دیو است که در میان مردمان جنك اندازد آز نام
دیو که مردم را حرص زیاده کند موسمه۱ یعنی ندهد
معسکو یعنی میزد نه اودین بهدین اکدین دروند آستنیر ۱۰
چهار درم بود آدراباد نام شهر ری ایمرك دوارشنی یك پای
موزه ویکپای برهنه رفتن اوارون دوارشنی پریشان دویدن
اوآم وام یعنی قرض اخان کامه بد کامه اُش کفت یعنی اورا
کفت انکوشید یعنی بشنوید آسرنشن یعنی شنیدن اُفت
یعنی افتد آیر تن بادب بودن اوی کناه بی کناه ازش به ۱۵
وزارد یعنی از تو بکذارد ازیر وسترك یعنی زیر بستر بود
آدر کوشید نام مقام آتشکده که نوشیروان عادل بر کوه
ساخته بود آج یعنی از آب تاب یعنی که در دهان آب
کنند وباز بیرون کنند بهندی کلکله کویند۲ ارشك یعنی
حسود انائی زیان اسپری یعنی آخر سپری م کویند اشم | ۲۰
یعنی اشرتی اشرزشت چغد را کویند بهندی کهوهر BI. 125a
باشد اجار ناچار اضداد ضد آك عیب را کویند ازکهن
کاهل را کویند آستانه مشکل امکن اهرمن را کویند انفسکی
یعنی بد نفسی ارواحك روزکار ودردکان که میکنند انفسکی

---

¹ Am Rande: یعنی نداده
¹ Am Rande: وغراره کویند

بد نفسی یعنی آزار ورنج وتشویش اود نزدیك' اود اوزونی

بزرکتر وافزون' اود نهال بهندی روپا بود اود بزرکتر اختر

انجمن یعنی جمع انداختار بینا وآکاه کنید را کویند البرز

نام کوه وبمعنی بلند آید آنو آنجا ای یعنی بود ارزانی

⁵ بهدین واشو را کویند اسپرزرشیوش نام دیوکه اورا سپنج

روس' کویند که پدیرهٔ باران می آید وباران را باریدن .

ندهد که ضد او آدر واجسته است که اورا برق کویند

آو آب اوررزیده یعنی ناکشته زمین اوی کناه بیکناه ازرمان بی

زمانه ابیش بی آزار

¹⁰ باب الباء برکه چشمه یعنی تالاب بدود نیك پرورتاران Bl. 125b

پروردکان پادار پاسبان بود پیرامن کردبکرد پراهوم

یعنی فراهوم پتیاره زیانکار را کویند پادیاو پاك ببد

یعنی باد بوزباد زیبادت پهلیم فراخ پنگین یعنی پژپده

پان کی پاسبان بول اراخت پنجیوه یعنی پنج کهه بنوان

¹⁵ پشت یعنی بیان یشت یعنی معنی یشت ونسك را م نام است

بوزند کرداره یعنی بکزند کردن بساوند یعنی بسایند بهندی

کهسی برد بنده پزشکن طبیبانرا کویند پهلیم پهنا وفراخ بند

یعنی بود بد جهشن بد سرشت پرسید پرشست یعنی فرشست

بیله جامهٔ درتاکه اورا دستروانه ودستانه کویند که در دست

²⁰ پوشند پوزه دهن را کویند پوره فرزند دان بود وقتی که

فرزند از شکم مادر جدا شود بر تن فرزند پرده باشد

اورا پوره | وفرزند دان کویند بیاور یعنی بیابان بران Bl. 126a

یعنی برون پرود فرود برشن بریدن پرهیزشن پرهیزیدن

پانا نکهبان بی ریا بی نقصان بوختار آمرزکار ورهانیدار

²⁵ بی نیاز بی پروا بی کرانه نام خداست یعنی کناره او پیدا

نیست بی نماز خیر یعنی دشتان بیم شیر کوسفند ومردم

باشد پرند زیبائی وخوبی بیدان یعنی که ایشان که باشند بیضا

آفتاب وسفید باشد پرنای بیکانه پوپارد یعنی فرو برد پرپا

فرو برد یعنی هوپارد پدوند پیوند پد پدر پوس پسر

پیدیم خوشی پراون نیکار بار اودم زیوند یعنی بار دوم ٥

زیند پد پای پدم قدم بود پکو موبد را کویند پرامن

کرداکرد پتت هوم یعنی پشیمان شوم پدکار پیکار یعنی جنك

برزیدن یعنی ورزیدن یعنی قبول کردن بوشیاسپ وبوشاسپ

اسم دیوی است که خواب آرد پدموز دیوی است که ناسپاسی

آرد پس | دیوی است که او مردم را از کرفه کردن ١٠

بار پس دارد کوید که پس خواهی زیست بیشومند آزردکی

بیشید یعنی آزرده کرد بیشیدن آزرده کردن پیشید یعنی

پوشید بادکیس وببادکیس یعنی ده بده بوختش خلاصی

بود برهنه دوارشنی یعنی بی موزه رتتن بنده منشنی یعنی

در خوب کار حریص بودن بیشومند آزارمند پدکار پیکار یعنی ١٥

جنك باشد پشام پشم خران بهشت پرمایند فرمایند بیل

هوشت یعنی پرسش پیدام پیغام بود پدوند پیوند پپسی

وپیستی مردی باشد که هما اندام سفید باشد بهندی

کهرری کویند باج کیر سلامی کیر باشد باج کیر بازکیرنده

باشد بم یعنی باشم بلرد یعنی به بیوند پرمینو خاکستر ٢٠

را کویند پیم کار یعنی شیرکاو بلاغ نام کوه است که نوشیروان

بر او آتشکاه ساخته بود پتیتی مرغ چهد را کویند واشورشت

م کویند پتت هوم یعنی پشیمان شوم برهنیده است

بیکمان رسد یعنی که هر چه نوشته است بیکمان رسد ا

پیری بهدینی یعنی پرریردکیشی پونی خانه یعنی دشتان ٢٥

خانه پونی دشتان یعنی حیض پیوسته یعنی همیشه بیاشواند

برنجاند ببرر ده هزار بود پاد پاسبان ونکهبان پادشاه یعنی

نکهبان برزك وجهانبان کویند پوز روی پشبز چهارم حصه

٤

از دانك پكو موبد پكوی پكوی موبد بیور ده هزار بوم زمین
برخنه برهنه بزه بدله كنله بهود بود وهست نیز بنمه خرمن
بركست مباد

Bl. 127b باب النا توره شغال را كویند ترجمه یعنی شرح تا زیر بود
5 تقدیم پیش دستی بود تحویل از جایها بازكردانیدن تجید
تعریف تقدیس پاكی یاد كردن تحت یعنی زیر توامان
فرزندی كه از مادر بزاید دو فرزند همراه بر می آید اورا
كویند تومان یعنی تومن كه سی ودو روبیه را یك نومن
باشد ترمنشنی بد منشنی برد ترمنشنی یعنی بزبان خود
10 وصف وتعریف خود كند ترودیتی یعنی شكستم وخوار داشتم
تند ده بود یعنی عشر تان یعنی شما تلوغ یعنی تعلق
تخشا پیمان باش یعنی هر قول كه كنی باكوشش دار ترمنشنی
تكبری وغروری وبدكاری تو یعنی تب توبانی یعنی توجشن
تاود یعنی تابد تاش صاحب را كویند جسفان غلط یعنی
15 نادرست ترس ستودان سروش كه برای مردكان یزند تنوزه
آواره ترودیتی انكهره منیوش یعنی شكستم وخوار داشتم ا
نیست شود آهرمن را تلاق باز كشت وتلف كردن
Bl. 128a یعنی ناچیز كردن تاش ژیج یعنی خداوند نجوم یعنی ستاره
شمر تیركر رودی را كویند كه حق تعالی در میان جهان
20 رود تیركر را آفریده است ونیز كوه تیركر كه در میان جهان
است تیرست سال یعنی سیصد سال تیرست استیر یعنی
سیصد استیر تناول كناه تنافور تنافور كناه سیصد استیر
باشد هر استیر چهار درم سنك

باب الجیم چاشیداران قبول كنندكان جوم دان یعنی جیوام
Bl. 128b 25 دان جل جهل بهندی باشد كه بهانی یا بر سركسپی
اندازند چغوه جانور است كه بكناره آب می ماند بهندوی
چكره جزو بعنی حصه جیده نام كنابست یا دیرجید م

كويند جردكرد نام كتاب است چغد بهندى كهوهر باشد
كه در جنكل مى ماند اورا بدفال كويند چركن يعنى نم
نسا جومه يعنى جامه جزاير يعنى جزيرهها چغد اشورشت
بود جناب طرف جسد يعنى جسد[1] يعنى تن بود چهمرز
روسپى كرى چش يعنى چه اش چر وهوچشم باش يعنى ٥
نيك نظر باش چنوه يعنى چه نوع جدشهريان جدا شهريان
چشم سورى چشم حسودكى چار چاره چاشى آزمودن جسفان
غلط[2] يعنى نادرست

Bl. 129a باب الحا حيض يعنى دشتان جومت يعنى جامت حسام
تيغ را كويند حزين پريشان حله زيرر باشد حدرمند يعنى ١٠
هدرمند يعنى هيهر حربه حيض[3] يعنى دشتان يعنى بى
نمازى بود وديكر پونى كويند

Bl. 129b باب الحا خشنايشن يعنى شكر وسپاس خرهمند نورمند خوى
فرارون حصلت نيك وپاك خرم آتش يعنى خوردنى كه بر
آتش براى بژيدن نهند جرش بالا مى آيد بهندوى اوبهان ١٥
كويند خواسا يعنى خصوصا خيم نيك كار خراستر نيشتر يعنى
خرستر كهنده خاور خالق يعنى آفريننده خرهمند نورمند
خرهناك نورمند يعنى نورمند خداوند نور خالق آفريننده خط كش
كه كردبكردى مى كشند خورده اوستا يعنى جزوى جزوى
اوستا يعنى چيزى نيايش ويشت وآفرينكان ونكاه وچيزى ٢٠
كه اندك اوستا باشد اورا خورده اوستا كويند خيم خوى
فرارون يعنى حصلت نيك خوب شيار اراخت را كويند
خيديودت با خويشان وصلت كردن خيتودت م كويند

---

[1] Wahrscheinlich für جثه

[2] Ms. غلت

[3] Ms. خيز

خوره' افزار یعنی راستی وهمت است یعنی نیك اندیشه

خره عظمت وزیبائی باشد خاره زن را كویند | ختم تمام

خشنوتره اهورمزدا معنی اینست برزك داشتم اورمزد را

باب الدال دین اسفناركان یعنی دین مازدیسنی دوشارم

5 عزیز بود دوتوی یعنی دوتا درجه مرتبه دادستان حكم

وجواب باشد دندان فریش حلال بود كه دندان صاف

كنند درایان بی باژ خوردن درایند كوید دیو یازش بید ا

یعنی دیو زور آور باشد دام خلق درنجش راست راه وراست

سخن وراست كفتن معنی اینست دُش آكاه یعنی بدی داند

10 ونیكی ندانند درووراص ودواصروبه' كوش ایزد را كویند دُخت

دختر بود داخل یعنی آمیخته دیو یازش بید یعنی دیو

قوتمند باشد دشمت بد نیت یعنی بد اندیشه دژهوخت

بد كفتار دژهورشت بد كردار درغ دراز باشد درغوشان یعنی

درویشان دوبارند یعنی دوارند یعنی به دوند دیر نام دیو

15 است كه مردم را از كرنه كردن باز دارد كوید كه كرنه مكن

دیر خواهی زیست دیویاز هر كه بنام دیو خرج كند

ونیرنك بنام او آمورد بهندی اورا منتر جنتر كویند ازو

دیو زور آور باشد درایان خورشنی بی باژ خوردن دادستان

انصاف درایان شكسته درغوبیو درویشان باشد دهشن

20 دادن دهیودان دهوبدان دخش خاصیت دخشه | ریم

وچرك نسا دِكر دو یعنی اثنا درایند یعنی كویند دواسروبه

كوش ایزد را كویند درایان خورِشنی بی باژ خوردن درایان

جویشنی یعنی باژ كیرد ولب كشاده سخن كوید یعنی نیم باژ

كویند دِژم روی یعنی غمكین وتُرش روی دشتانستان دشتان

25 خانه را كویند كه اورا پونی خانه كویند

---

¹ Oder خوراه

² ودواصروبه ist am Rande nachgetragen.

باب الذال ذخیره رخت واسباب بود

Bl. 131b باب الرا ریومند رای‌مند ونورمند باشد روبانیداران روا

کنندکان رایمند رای زن رازی رزق دهنده روسپی بارکی با

بار کش، زنا کردن روسپی بهندی چهنالی یعنی با زن دیکر

کسان خفتن رضای خدا یعنی خشنودی خدا رسته پاره

شده ریمن پلید و ناپاك روبشن رفتن باشد رسشن یعنی ٥

نشستن

Bl. 132a باب الزا زیوان زیستن زود یعنی زوتی که بر یزشن کاه می

نشینند زانی زنا کننده یعنی فساد کننده زه بر زه یعنی

پُشت بر پُشت رسفان یعنی غلط نادُرست جسفان م کویند

زایل دوور بود زمره کروه زرستار سال را کویند زد کینست ٢ ١٠

وانید باد یعنی زد شکست وناپیدا باد زیج رمل را کویند

زیج م کویند زاد مرك دسا خانه را کویند زفر دهان

یعنی روی

Bl. 132b باب السین شُکره پیاله وبوته ساجشنها یعنی سازشها سه

کانه یعنی سه کونه بود ستودان دخمه بود سترده تراشیده ١٥

سلب خویشاوند سُراده یعنی درون دخمه که جاهی باشد

آنرا کویند استوه نام خداست که یعنی ستوده نشود سیقر

بهندی آنرا سیسول خوانند که بر تن خار ودو پا دارد

مانند خروس است اورا مرش دوپا کویند ستل آهن یعنی

چهه پر آهن ستومی یعنی شمارا ستایم سطم بام سموات ٢٠

سما یعنی آسمان سعتر زن که با زن فساد کنند سماك

ماهی که در زیر زمین است سمك م کویند سرشکی باران

یعنی قطرهٔ باران ستوی آفرینش سر هزاره آخر هزاره سپنج

روس نام دیو است که اورا اسپورزرشیوش کویند وقتی که

---

¹ Vermuthlich بارکی

² Lies کسست

فرزند زايد براى دُزديدن عقل او مى آيد وفرزند را سهم

نمايد وعقل بدزدد وكه باران باريدن ندهد سپزگ چوغل

Bl. 153a چهل سپزكى چغلى | سيمع كاروان يعنى از شهر خود خريد

كردن وبشهر ديكر بردن وفروختن آبادان كردن وسوداكرى

۵ كردن سترد بيهوش سيكى تخن نرم آوازرا بكويند سيكى نرم

سيوا هيزوان شيرين زبان تمره يعنى كار افسون سرايد يعنى

كويد وآخر آيد معنى اينست سنك ارويس سنك ايزشن كاه

كه آلات يرشن برو نهند سپرز جكر باشد تمر وطين ريشخندى

باشد سپاهرد سپاه سالار بود ستار چهارتا يعنى درون

۱۰ چهار تا شب سيوم كه براى مُردكان بعد از وفات او در

شب سيوم بچهار باز جامة اشوداد را كه هيربُد را كه مى يزد سرى

آخر واسرى كويند

باب الشين۱   شش پنجه آن باشد كه جايى آورده است كه Bl. 153b

خلق خدا مانند شش پنجه اند كه در يك سال خدا

۱۵ تعالى همه خلق پيدا كرد كه در يك سال شش كهنبار بود

پنج پنج روز در پنجه يعنى پنج در شش پنجه اول آسمان

۲ واب ۳ وزمين ۴ واورور ۵ كوسفند ۶ مردم پيدا كرد شش

پنجه يعنى پنج پنج روز را شش كهنبار۱ شقاننن كوفتن

وشكافتن ۴م كويند شيبش صدره او شيب كُستى صدره باشد

۲۰ شيوتم يعنى زير پاى شهيد شايد شريف بزرك باشد شبه

همتا شيركاهان زيركاهان كه مى روند بهندى كهاندهيا كويند

شنايش يعنى شناسيدن شهيد تراست يعنى شاهد تراست

يعنى كراه شاع نور بود شايندار يعنى شايسته شاستار

زيانكار شهيد بيد شكاك شك كننده آورده باشد اورا كويند

۲۵ شيو يعنى شيب يعنى زير شمت جامة پشمين شتر نطفة

آب منى را كويند

باب الصاد صبغ گفتار خرستر است معین آوند جنس Bl. 134a
باشد اورا گويند صانع صنعت کننده وصنع وصنعت حکمت
صلاح پارسا صالح نيك کننده

باب الضاد ضياع بسيار وبيشمار

باب الطا طناف طنابى يعنى ريسمان طبع منش طارم بام بود ۵ Bl. 134b
باب الظا ظن کمان را گويند

باب العين عقاب عذاب بود عنا زيان معجزات عقل طبعى
يعنى عقل چندانکه بيامرزد ميداند عقل اکتسابى يعنى
عقل مادر زاد

باب الغين غمزه غمازى ونار غمازى جعلى بود غيور يعنى ۱۰
بسيار رشك برنده

باب الفا فراج پيش ونزديك فاديار پادياو يعنى پاك فنام Bl. 135a
پنام كه بوقت خواندن بر رخ مى بندند فيوند يعنى پيوند
اند فردوم اول باشد فخت يعنى پخت فختن پُختن فم
دهان باشد فيوند پيوند فيدا پيدا فتت پتت فرگوش ۱۵
اردفروش که مى يزند فروشين اردفروش فرا کيرم شما يعنى
پيش کيرم شما فراغ ظهورى فالوده پالوده يعنى پرورده
فضل افزونى فراج كيود مهر ايزد را گويند فراج كايود مهر
ايزد باشد فاعل يعنى فعل کننده فضله فاضل يعنى زيادت
فرمانى گناه هشت استير درم سنك گناه ۲۰

باب القاف قادر توانا بود قبل بعد قتال قتل کننده قران Bl. 135b
وقيران پيوستن دو ستاره که بيك برجى مى آيند گويند که
قيران شده است قالب کالبد

باب الکاف کنشن کردن کيرشنى يعنى کرفتن کريجگ کره
کش يعنى که اش کودال مغاك بود کنکاسچيد بهندى کينا ۲۵
کم کام يعنى مقصود بود کمشمان کِشت زار کشوان کشت زار

کرنه کر کرنه کننده کیهان جهان کنامینو آهرمن کس که

یعنی خورد کامیج کمیز کار کاومیج کمیز کار مهر درج قول

شکستن نام دیو فید مهر ایزد است قول بشکند کنجه آتش

یعنی آتش دان کاسانی ۰ امشاسفندان را کویند رپنج

۵ کهه فروردیان ا را کویند یعنی بجایکاه می آید کوند

یعنی کوبد کسروب کیخسرو را کویند کاریوداد کار که

با کیومرد در جهان آمده بود کلسیا فرنکی را کویند کربا

کرنه کربه کرنه کمیخت یعنی آمیخت وآلوده کشاده دوارشنی

بی کشتی رفتن کوساله بچه کاوان کواده بچه أشتر کوشن

۱۰ یعنی کفتن کشان یعنی که ایشان کوشت پریان نام دستوری

که با اخذ جادو جواب وسوال کرده بود کوشت پریان دستور

اخذ جادو را کشت کروند قبول کنند کرکوه کهرپم یعنی

کرنه کرمها یعنی کامها یعنی مقصودها کود معی کر یعنی

که او کارکرا جامت بود کیتوفرید کاف فارسی تا سه روز که

۱۵ بر مردکان سه سروش می یزند آن را کیتوفربد کویند

کاسانی پنج کهه یعنی کانا کانا در زند زبان کویند وکاسانی

در زبان پهلوی منکویند کاوین مهر زنان که در نکاح

خوانند کو شکنم یعنی که او شکسته کنم کزند یعنی زیان

کزبر یعنی قبول کن

۲۰ باب اللام لرد پیوند لاینه بت هندوان است لوح مینا

آسمان یعنی تختی کاج لالا یعنی آلا لون رنك لوطی غلام

باره بود یعنی بچه باز

باب المیم مرراه مراد مشربه سبو را کویند مانتره پرسیدار

زبان وستا که دادار اورمزد ببینو مهرسفند سپرده است

۲۵ زبان اوستا در دنیا نیست مکر که زرتشت آورد میاه آب

ملح نمك باشد مدحل داخل مروروان مرغان مروجکان مرغان

مهال هول یعنی ترس مرزوق رزق مَه بزرك متاخران یعنی
آموزندكان منیده یعنی اندیشه كرد موش دوپا سیقر كه
BL 137a بهندی سیسول كویند در صحرا ا می ماند بر تن خار دارد
نسا باشد مهر درج دیوی است هِد مهر ایزد است كه بر
قول شكستن است موبد دانا مزدیسنان مزداور مزدیسنان ه
یعنی دین یعنی دین اورمزد كه اورمز خود در دین است
مستحق یعنی راجب حق موجب راجب وسبب مصبوغی
یعنی رنك كرده شد معتمد اعتباری مرام مُراد متركه ترك
كردن مبین ظاهر معتقدند یعنی باعتقاد اند مستفعل یعنی
فعل كننده مشروح شرح دادن مس می یعنی شراب مُربی صاحب 10
مینم یعنی اندیشم مقر قرار آوردن میدوخت مرد یعنی بد
خواه ودیوانه مرد وپاوان ابله وبیابان را كویند مورز یعنی
قبول نه كن مانش مقام مَع جای را كویند مر مومیاثی را
كویند متساوی برابر مرغوزن حلی كه نوشیروان بر كوه
ساخته بود مستكبری روز آوری لوطی غلام باره بود منازعت 15
BL 137b جنك وجدل ماهبان موكل ا مداوا دعوی باشد منتهم
یعنی ———¹ مفعول فعل كنانده مرجش مكس را كویند
باب النون نرم نسك آهسته نسك خواندن نابر حوب كه
هیربُدان كیرند نابر زیوان یعنی همیشه با حوب ماندن
نكرشن یعنی نكریستن نیوشیداری شنیدن نهشن یعنی 20
نهادن نسومند نسامند نشهید نشاید نصحت زنی كه كودك
BL 138a مُردك زاده باشد یعنی ارمیش نُكبت زیان ورنج ا نیرنجات
علمی است كه ازو افسون بیاموزند نخیاهود تار ریسمان
باشد نجات خلاصی نای بتر نام دیو است هِد رام ایزد
كه بقصد جان مردم می اید نسك ونجح یعنی نكه 25

---

¹ Die Erklärung fehlt.

نجوم ثوابت ستاره ثابت نمستی یعنی نماز تر مرد ناری زن

نظم نم را کویند نسش نام دیو است فید سروش ایزد است

وقتی که مردمی کدشت بر تن او نشیند اورا ریمن کند

نیاز نام دیو است که او بر مال مردمان چاره سازی کند

۵ وبرای یك درم سر برادر خود بِبُرد ومهربانی نکند وبفائده

یکدرم خود کسی را صد درم را زیان کند وبر چشم مردمان

حقیر می نماید ناخان یعنی ناخن نظم نشان باشد تاودآ

نام رود است نسپاس ناسپاس باشد نی نه کرجه چوب نه کره که

هیربندان باو برشنوم دهند نهود نهفته یعنی نهد ونهان

۱۰ کند نای به رام ایزد را کویند نجاح روائی حاجت وپیپروزي

ناوِدانام رود است بسیار عمیق است همیشه پر باشد | نزار BL ۱۵۸ª

کنم یعنی لاغر وهلاك کنم نیم جردده پس خردده

باب الواو واستربوشان کروه برزیکران وهان بهان وینش

نکریستن برد واج باز که بوقت طعام می کیرند ویهست

۱۵ کرده اوسناوزند را کویند ور آدران یعنی خاکستر آتش بهرام

واجه یك تخن وستا بهندی پت وآ یعنی باز وجر جواب

واهمان یعنی فلان وهمان یعنی فلان وهوپنج یعنی پنج که

ویم بیم وزند کرند ویشتر بیشتر ویدآ ناپیدا باشد ویش

بیش واران باران وزارد یعنی کذارد ویژه خالص وزرد یعنی BL ۱۵۹ª

۲۰ قبول کند وردید دو معنی دارد زد شکست وجدا کشت وید

نابینا برد وداهت یعنی کداهت ولومند یعنی مسترجب

عقوبت ووس بسیار ورج نیرو تیز وانیداران ناپیدا کنندکان

ورزم کنم وهشرور پیغمبر را کویند ویری هشیاری ریاوان

بیابان ونادان برد وسنی کونه وجر کوشن حکم کنندکان

۲۵ وستر خامه را کویند وری بهه میش را کویند وام قرض[2]

مستجب M s. [1]

کرض M s. [2]

ویاوان ابله وسترک جامه وشرفت یعنی آشرفته وزارم یعنی
کذارم ویمارش بیمارش وینشن دیدن وزرک بزرک وینذ بیند
وانک بانک وداختن کداختن وداخت یعنی کداخت وترة
بتر بود ویراستن آراستن وزن دیوی است که او شهوت
غالب کند وردینید جدا ودور کرد وناه یعنی کناه وجارش ۵
یعنی کذارش واینوم ویدا سازه یعنی ناپیدا کنم وشودکان
یعنی خراب کنندکان وشود یعنی پیدا پیدا کرد

Bl. 120b باب الها ۱ هما یعنی تمام هیو نیک هیار یار هوتخشان
کروه هنرمندان باشد هاون هاونیم که آلات یزشن کاه است
هیم نیک کار هیزوان زبان هیم هوم هوم را کریند هوم پالاهوم ۱۰
پیاله را کریند وهیم بیاله هم کریند هیم درون هوم درون
بود هلار صنج کردن هوشت وهوست شاکرد یعنی مرید را
کریند هاوستان مریدان هل بکذار هلد یعنی بکذارد
هرزنکهرم مزار هیخری هی‌هر باشد یعنی نسای زنده هیخرکرای
هی‌هرها هماوند بیمثل هبانه نکهبان هوا حرص ونام زن ۱۵
زرتشت پیغمبر بود هستان یعنی که ایشان اکنون هستند
هیات وهیت یعنی علم هندسه هوزومند زورمند هشتن

Bl. 140a کداشتن! همستار یعنی زد شکست کننده همت نیت نیک
هوخت کفتار نیکو هورشت کردار نیکو هو هیم نیک کار وحلیم
هور موافقت بود هر وسنی هر کونه مخیئی یعنی همیشه ۲۰
مخشیئ هم کریند هیشم نام دیو است که او مغروری میکنند
هند یعنی هستند هبوب نام پدر جاماسپ است هورم
یعنی خوش وخرم هوچشم نیک نظر هوا باد را کریند وزن
زرتشت پیغمبر را کریند وهوا که در میان آسمان وزمین
است هوپارد پوپارد یعنی بزبر کلو فرو برد هورمیه خداوند ۲۵
نیک رمه را کریند

---

۱ Der Anfang des باب الها findet sich auch auf Bl. 137b zwischen Cap.
m und n, ist aber wieder ausgestrichen.

BL 140b باب اليا يوزداثره پاك را كويند يوزداثرهٔكرى يعنى كار

پاكى يزبام يعنى يزم يزم يعنى بزرك وكرامى دارم يوزداثرهٔنيداران

يعنى پاكان وپاكى كنندكان يزشن ستايش وسپاس كنم اوى

خداى بزرك را يات كناه صد وهشتاد استير درم سنك كناه

ه باشد يزميدى يعنى يزم يزم يعنى يادكنم وبزرك وكرامى دارم

تمت تمام شد اين فرهنك روايت دينى بروز باد بماه خورداد

سنه ١٠٢٣ هزار بيست وسه يزدجردى نويسنده هيربد زاده

هيربد منوجهر ابن دستور برزو ابن قوام الدين ابن

كيقباد ابن هرمزيار لقب سنجانا هر كه خواند نويسنده

١٠ را دعا وآفرين برساند واز من بر او دعا وآفرين وانوشه

روانى باد